Evaluation of Regional Scientific and Technological Innovation and High-quality Economic Development

区域科技创新与经济高质量发展评价

万亮 王成园 方文培 王善勇 著

中国科学技术大学出版社

内容简介

当前,我国经济已经由高速增长阶段转向高质量发展阶段,经济增长方式也正在由传统的要素驱动向创新驱动转变。构建科学、合理的科技创新评价体系,明晰科技创新与经济高质量发展的关系,有助于为改善科技创新环境、提升科技创新能力提供政策建议,对于促进经济高质量发展更具有重要的现实意义。本书通过定性与定量相结合的研究方法,构建了区域科技创新环境、区域科技创新能力以及区域经济高质量发展评价指标体系,同时对科技创新与经济高质量发展之间的关系进行了系统评价、分析,丰富了科技创新环境、科技创新能力、经济高质量发展评价相关领域的研究,并为特定区域(安徽省)找准赛道、加速超越、加快全面深度融入长三角提供了决策参考。

本书可供科技创新管理、区域综合竞争力管理等公共管理学科方向研究生作为教材使用,也可供政府决策部门及相关专业人员参考。

图书在版编目(CIP)数据

区域科技创新与经济高质量发展评价/万亮等著. —合肥:中国科学技术大学出版社,2022.11
ISBN 978-7-312-04085-6

Ⅰ.区… Ⅱ.万… Ⅲ.①技术革新—研究—中国 ②区域经济发展—研究—中国 Ⅳ.①F124.3 ②F127

中国版本图书馆CIP数据核字(2022)第189284号

区域科技创新与经济高质量发展评价
QUYU KEJI CHUANGXIN YU JINGJI GAOZHILIANG FAZHAN PINGJIA

出版	中国科学技术大学出版社
	安徽省合肥市金寨路96号,230026
	http://press.ustc.edu.cn
	https://zgkxjsdxcbs.tmall.com
印刷	合肥华苑印刷包装有限公司
发行	中国科学技术大学出版社
开本	710 mm×1000 mm 1/16
印张	9.75
插页	1
字数	175千
版次	2022年11月第1版
印次	2022年11月第1次印刷
定价	58.00元

支持与资助本书出版的项目

- 国家自然科学基金青年科学基金项目"政策组合视角下企业绿色创新行为形成机制、演化路径与引导效应研究"(72204243)

- 教育部人文社会科学研究一般项目"社会网络视角下环境规制对企业绿色转型的影响:机理、效应及对策研究"(20YJC630138)

- 安徽省自然科学基金青年项目"环境规制对企业绿色转型的影响机制研究:基于复杂社会网络视角"(2008085QG345)

- 国家自然科学基金青年科学基金项目"考虑管理者主动风险承担行为的锦标机制设计及应用研究"(71701193)

- 安徽省科技创新战略与软科学研究专项计划项目"长三角一体化发展背景下安徽区域科技创新对高质量经济发展的影响研究"(202006f01050031)

- 安徽省科技创新战略与软科学研究专项计划项目"面向长三角一体化战略的安徽省科技创新环境评价、比较与对策研究"(202006f01050032)

- 中国科学技术大学新文科基金项目"区域科技创新对经济发展的影响效应:基于安徽省的实证研究"(YD2040002010)

前　言

当前,我国经济已经由高速增长阶段转向高质量发展阶段,经济增长方式也正在由传统的要素驱动向创新驱动转变,推动经济高质量发展,必须充分发挥科技创新在高质量发展中的支撑引领作用。科技创新活动的基础支撑是科技创新环境,科技创新活动的质量体现为科技创新能力的大小,科技创新活动的结果体现为经济高质量发展水平的高低。因此,改善科技创新环境、提升科技创新能力,是促进经济高质量发展的充分必要条件。

本书通过文献研究、调研访谈,并借助定量研究方法,构建了区域科技创新环境、区域科技创新能力,以及区域经济高质量发展评价指标体系。据此,本书以安徽省为研究对象,通过收集整理统计年鉴数据,对安徽省科技创新环境、科技创新能力、经济高质量发展情况,以及科技创新与经济高质量发展之间的关系进行了全面、系统的评价和分析,为安徽省科技创新发展和经济高质量建设找出亮点、找准定位、找补不足提供了支撑,由此为提升安徽省科技创新环境、提高科技创新能力、不断创造前沿和原始科技成果提出相应的对策和建议。

本书丰富了科技创新环境、科技创新能力、经济高质量发展评价相关领域的研究,并为安徽省及各地市展开对标、找准赛道、加速超越提供了决策参考,这对于安徽省加快全面深度融入长三角具有重要的现实意义。

由于编写时间紧张,书中疏漏之处在所难免,敬请广大读者批评指正。

作　者

2022年9月

目 录

前言 ·· (i)

1 绪论 ·· (1)
    1.1 研究背景与意义 ·· (1)
    1.2 基本概念介绍 ··· (4)
    1.3 国内外研究现状 ·· (6)

2 区域科技创新环境评价与对比研究 ································ (10)
    2.1 区域科技创新环境综合评价指标体系构建 ··············· (10)
    2.2 区域科技创新环境评价与立体比较研究 ··················· (20)
    2.3 安徽省科技创新环境亮点与短板分析 ······················ (40)

3 区域科技创新能力评价与对比研究 ································ (46)
    3.1 安徽省区域科技创新现状概述 ······························ (46)
    3.2 区域科技创新能力评价指标体系构建 ······················ (48)
    3.3 区域科技创新能力分维度比较研究 ························· (53)
    3.4 区域科技创新能力位势与立体比较研究 ··················· (68)

4 区域经济高质量发展评价与对比研究 ···························· (78)
    4.1 安徽省经济发展现状概述 ····································· (78)
    4.2 区域经济高质量发展评价指标体系构建 ··················· (80)
    4.3 区域经济高质量发展分维度比较研究 ······················ (82)

5　区域科技创新对经济高质量发展的影响研究……………………(103)
5.1　区域科技创新与促进经济增长的匹配性关系……………(104)
5.2　区域科技创新对促进经济增长的影响效应………………(108)
5.3　区域科技创新与促进经济增长的耦合协调性……………(111)
5.4　跨城市科技创新合作与区域高质量经济发展……………(117)
5.5　关于区域科技创新能力提升的主要研究结论……………(121)

6　提升区域科技创新的政策建议………………………………(124)
6.1　区域科技创新环境优化对策………………………………(124)
6.2　区域科技创新能力提升对策………………………………(130)
6.3　面向2035安徽省科技发展思路与体制改革政策建议……(134)

附录　安徽省区域创新与经济高质量发展专家评分表…………(136)

参考文献……………………………………………………………(140)

彩图…………………………………………………………………(147)

1 绪 论

1.1 研究背景与意义

1.1.1 研究背景

我国政府始终强调自主创新,并不断深化机制改革推动创新。2012年9月23日,为加快推进创新型国家建设,全面落实《国家中长期科学和技术发展规划纲要(2006—2020年)》(以下简称《科技规划纲要》),充分发挥科技对经济社会发展的支撑引领作用,加快国家创新体系建设,中共中央、国务院印发了《关于深化科技体制改革加快国家创新体系建设的意见》。党的十九大报告更是从四大方面提出了实施创新驱动发展战略、加快建设创新型国家的具体举措,为实现建设现代化经济体系的战略目标提供战略支撑,为中国持续发展注入新动力。

2019年,中共中央、国务院将长三角一体化发展上升为国家战略,发布了《长江三角洲区域一体化发展规划纲要》(以下简称《规划纲要》),擘画了新时代长三角一体化发展的宏伟蓝图,进一步完善了中国改革开放空间格局,这对增强长三角地区创新能力和全球竞争力、建设现代化经济体系、更好引领长江经济带发展和更好服务全国发展大局意义重大。《规划纲要》明确提出,要推动科技创新与产业发展深度融合,促进人才流动和科研资源共享,整合区域创新资源,联合开展卡脖子关键核心技术攻关,打造区域创新共同体,共同完善技术创新链,形成区域联动、分工协作、协同推进的技术创新体系。

2020年8月,习近平总书记在合肥召开扎实推进长三角一体化发展座谈会,再次强调要加大科技攻关力度,聚焦前沿科技等重点领域和关键环节。安徽正式成为长三角重要组成部分,并被赋予打造具有重要影响力的科技创新策源地、新兴产业聚集地和绿色发展样板区的战略使命。这一战略使命对安徽省在前沿科技、原始创新等方面提出了更高要求。在此背景下,研究安徽省如何建设良好科技创新环境,加快实施创新驱动发展战略,具有重要的现实意义。习近平总书记2020年8月在安徽考察时指出,"安徽要实现弯道超车、跨越发展,在'十四五'时期全国省区市排位中继续往前赶,关键靠创新。要继续夯实创新的基础,锲而不舍、久久为功"。

面对新的历史性机遇,安徽省一方面在打造具有重要影响力的科技创新策源地上已经形成一定的比较优势。自2011年以来,根据《中国区域创新能力评价报告(2020)》发布的数据,安徽省区域创新能力已连续9年位居全国第一方阵,如国家实验室、合肥综合性国家科学中心、大科学装置布局的数量位居全国前列,集聚了长鑫存储、京东方、科大讯飞、蔚来汽车等一批创新型领军企业,在热核聚变、量子通信、铁基超导、人工智能等前沿领域取得了一批国际一流、国内领先的重大科技成果,集成电路、新型显示等领域关键核心技术攻关取得新突破,以集成电路、新型显示、人工智能等为代表的"芯屏器合"产业体系已经成为安徽的崭新名片。

另一方面,安徽省在驱动前沿科技和原始创新如创新环境要素等方面还面临着诸多掣肘,如科技创新有效供给不足、转化通道不够畅通、研发投入强度不平衡问题依然存在等。《中国区域创新能力评价报告》显示,安徽省创新环境指标排名较为靠后且数值波动较大,最高值为2012年全国排名第4位,但随后一直处于下降趋势,一路下降到2019年的第23位。总之,创新已经成为展示安徽形象的亮丽名片、驱动经济增长的强大引擎。与此同时,安徽省科技创新正处于改革和攻坚的关键时期,既面临大有可为的重大机遇,也面临前所未有的严峻挑战。一方面,外部竞争压力持续加大;另一方面,安徽自身还存在一些发展中的问题。安徽经济正处于由高速增长向高质量发展过渡的关键阶段,在这一阶段"如何走,怎样走"可以说至关重要。因此,以安徽省自身的实际情况为例,研究区域科技创新能力对经济高质量增长的影响效应,并提供切实可行的政策建议显得紧迫而重要。

1.1.2 研究意义

创新发展已经成为我国区域经济发展实现战略性调整的关键驱动因素。推动经济高质量发展,必须充分发挥科技创新在高质量发展中的支撑引领作用。习近平总书记指出,科学技术是第一生产力,创新是引领发展的第一动力。科技进步与经济发展方式转变之间有着内在的、不可分割的联系,是撬动生产方式变革、推进产业结构调整的有力杠杆。我国经济已由高速增长阶段转向高质量发展阶段,经济增长方式也正在由传统的要素驱动向创新驱动转变,提升区域创新能力成为促进区域经济增长的重要措施。在世界新一轮的科技革命和产业变革浪潮中,研究科技创新推动区域产业技术变革和优化升级,明晰如何发挥科技创新对区域经济高质量发展的支撑作用,具有重要现实意义。

科技创新活动的质量由科技创新环境决定,科技创新环境对整个创新系统的良性运转起到支撑作用,是提升创新效率、增强创新能力的关键。当前,安徽省科技创新正处于改革和攻坚的关键时期,既面临大有可为的重大机遇,也面临前所未有的严峻挑战。在这一机遇和挑战并存的关键时期,安徽省亟须深入了解科技创新活动的环境,优化资源配置,努力打造良好的科技创新环境。因此,从支撑科技创新决策出发,开展科技创新环境及科技创新能力的系统性评价,在此基础上,明晰区域科技创新与经济高质量发展之间的具体关系,并提供切实可行的政策建议显得紧迫而重要。

本书旨在通过文献研究、调研访谈,并借助定量化分析方法,提出安徽省科技创新环境评价指标体系、安徽区域科技创新能力评价指标体系及安徽经济高质量发展评价指标体系。据此,通过收集指标数据,对安徽省科技创新环境、科技创新能力、经济高质量发展情况进行评价分析,并与全国其他省市、长三角区域各省份、各重要城市进行比较,从而找出亮点、找准定位、找补不足,以便于更充分地认识当前安徽区域科技创新政策的改进方向和努力目标,为提升全省科技创新环境、提高科技创新效率、不断创造前沿和原始科技成果提供对策。本书的研究内容将丰富科技创新环境、科技创新能力、经济高质量发展评价相关研究,同时有助于安徽省及各地市展开对标,从而聚焦科技创新环境要素,找准赛道、加速超越。这有助于明确区域经济差距的形成原因和寻找缩小区域经济差距的政策措施,同时对于安徽省全面深度融入长三角具有十分重要的现实意义。

1.2 基本概念介绍

1.2.1 区域科技创新环境

区域科技创新环境是区域内科技创新主体赖以生存和发展的空间,影响和制约着创新主体开展科技创新活动的质量和效率(翁媛媛和高汝熹,2009)。区域科技创新环境通常是指一定区域内影响各类创新主体实施创新活动的各种因素,以及因素间交互复杂作用的总和(或集合),是一类开放的复杂巨系统(王志敏,2009)。

现有文献对区域科技创新环境的内涵界定,可以划分为两类:一类认为区域科技创新环境是指一定区域内的科技创新主体,在长期正式或非正式相互之间协同作用和集体学习而建立的社会关系网络;另一类则认为区域科技创新环境是指科技创新主体所处的区域环境总和,包括文化环境、基础设施、市场规模、管理体制、政策与法规等等。本书后文所提的科技创新环境系后者,主要用以评价区域性科技创新环境的现实水平。

在区域科技创新环境的构成要素上,主要可以分为硬性要素和软性要素。其中,硬性要素主要包括基础设施水平、资源条件等;软性要素主要包括政策制度、法规条例、社会文化价值等。例如,张亚丽(2011)将区域科技创新环境要素分为资源环境、机制环境、市场环境、政策法规环境四个方面;郑茜(2015)、孙晓萌(2018)将区域科技创新环境要素分为创新基础设施环境、创新资源环境、政策与制度环境以及创新文化环境四个部分。

1.2.2 区域科技创新能力

区域科技创新能力体现出区域内科学技术创新所具备的条件、水平和潜力,是区域内科技创新基础条件、科技创新关键投入、科技创新过程效率、科技创新成果质量的综合体现。目前,文献对区域科技创新能力尚无统一的定义。中国科学院可持续发展研究组认为,区域科技创新能力是一个区域在科技资源投入、科技成果产出、科技对社会的贡献方面所具有的综合实力(中国科学院可持续发展研究组,2020)。中国科技发展战略研究小组编写的《中国区域科技创新能力报告(2001)》,将区域科技创新能力定义为"一个区域将知识转化为新产品、新工艺、新服务的能力"。白慧林(2021)在总结文献的基础上,提出区域科技创新能力是"科学、技术、理念、制度等创新的集成体现,由区域内各创新主体都充分发挥自身作用,相互促进,将基础创新、技术、知识有效地市场化,转化为新产品、新工艺、新技术、新服务的能力"。

总体而言,尽管不同文献对区域科技创新能力的定义表述以及评价体系有所不同,但基本上是围绕区域科技创新的基础条件、关键投入、过程效率、成果质量这四个核心方面来展开的,本书后文的区域科技创新能力评价体系研究亦遵循了这一逻辑。

1.2.3 经济高质量发展

习近平总书记在党的十九大报告中,作出了"我国经济已由高速增长阶段转向高质量发展阶段"的重要论断,并指出,我国经济正处在转变发展方式、优化经济结构、转换增长动力的攻关期,建设现代化经济体系是跨越关口的迫切要求和我国发展的战略目标。可见,经济高质量发展的内涵体现在发展方式、经济结构、增长动力三个方面,根本理念是经济发展更高质量、更有效率、更加公平、更可持续、更为安全,核心目标是构建现代化经济体系,构建新发展格局。此后,学者对经济高质量发展做出进一步的诠释。例如,刘新智等(2022)提出,经济高质量发展是经济发展、环境保护、资源利用、社会服务等多方面的综合发展,需要按照创新、协调、绿色、开放、共享的理念,以满足人们日益增长的、美好生活必需的物质和精神需求为目标,达到社会各子系统的均衡发展和全面提升。

1.3 国内外研究现状

1.3.1 区域科技创新环境评价相关研究

首先,在评价指标体系构建方面,现有文献针对不同情境需要,设计了针对性的科技创新环境评价指标体系,已经形成了相对丰富的研究成果。这些文献主要围绕制度环境、市场环境、社会文化环境、政策环境、基础设施等方面构建指标体系。例如,郑茜(2015)、孙晓萌(2018)、张美琪(2021)将区域科技创新环境分为创新基础设施环境、创新资源环境、政策与制度环境以及创新文化环境四个二级指标,但三级指标的设置上有所差异。此外,与区域科技创新环境评价较为相近的研究问题是区域创新环境评价,后者相关评价指标也具有重要参考价值。例如,《中国区域创新能力评价报告(2020)》将区域创新环境作为创新能力的重要影响因素,围绕创新环境这项一级指标设计了5个二级指标(包括创新基础设施、市场环境、劳动者素质等)和38个三级指标;中国科学技术发展战略研究院发布的《国家创新指数报告2016—2017》中,围绕区域创新环境构建了知识产权保护力度、政府规章对企业负担影响、宏观经济环境等10个二级指标。

其次,在评价方法的选择上,相关研究很大程度上依赖评价对象和方法自身的优势和适应性。目前,学者在创新环境评价方法上做了很多的探究,主要包括直接评价和间接评价两种方式。其中,大多数文献采用了计量实证的间接评价方式,包括知识生产函数、两阶层线性分析、典型相关和回归分析等方法,而直接评价涉及的方法较少,基本以综合指标评价、因子分析等为主。在各项指标权重的确定上,目前主要依靠专家在各指标经济意义理解的基础上进行确定,也存在主客观相结合的方法,如专家咨询法和层次分析法相结合、因子分析法和主成分分析等。

总体而言,现有文献对于区域创新环境评价研究较为成熟,但针对区域科技创新环境的专门评价体系依然不够丰富,尤其是面向前沿、原始科技创新的相关环境要素的评价仍待进一步深入研究。同时,在区域科技创新环境评价体系构建上,评价指标选择同质化严重,准确反映科技创新活动的指标不足。

1.3.2 区域科技创新能力评价相关研究

区域科技创新能力评价研究较为丰富,但同样地,不同文献根据研究问题的需要和导向,在区域科技创新能力评价指标体系上存在明显差异。在众多文献资料中,影响力较大的区域科技创新能力评价体系有两类,分别是以省(直辖市、自治区)、城市为单位构建的区域科技创新能力评价指标体系。其中,以省级地域为单位的区域科技创新能力评价指标体系,是中国科技发展战略研究小组、中国科学院大学中国创新创业管理研究中心发布的《中国区域创新能力评价报告》系列。该系列报告按年发布,将区域创新能力划分为知识创造、知识获取、企业创新、创新环境、创新绩效五个一级指标,并进一步细分为20个二级指标、40个三级指标、137个四级指标。

以城市为单位的区域科技创新能力评价指标体系,是中国科技信息研究所发布的《国家创新型城市创新能力评价报告》系列。该系列报告基于包含创新治理力、原始创新力、技术创新力、成果转化力和创新驱动力5个一级指标和30个二级指标的评价体系,对全国78个创新型城市的创新能力进行了综合评价,评价指标体系囊括了城市科技创新和科技支撑经济社会高质量发展的主要指标。其他一些文献在借鉴这两类系列报告的基础上,进一步研究了不同问题导向下的区域科技创新能力评价指标体系。例如,杨力等(2021)将城市科技创新能力影响要素划分为科技资金投入、人才培养和科技就业质量三个方面;安徽省科学技术情报研究所的李丹丹等(2021)将城市科技创新能力划分为创新资源、创新投入、创新产出、创新支撑4个一级指标、11个二级指标。

1.3.3 经济高质量发展评价相关研究

随着我国经济发展水平的日益提升,经济发展的内涵也日趋丰富,经济发展也从过去过度地追求"增长"导向转变为追求更高质量、更有效率、更加公平、更具有可持续的"高质量发展"导向。通过梳理现有研究发现,当前评价中国经济高质量发展的主要方法是构建指标评价体系,相关研究较为丰富,如马茹等(2019)从高质量供给、高质量需求、发展效率、经济运行和对外开放等7个维度构建了中国经济高质量发展水平评价指标体系,并采用等权重赋值的方法对经济高质量发展水平进行测度。华坚和胡金昕(2019)则从"五大发展理念"入手,即围绕经济创新发展、经济协调发展、经济绿色发展、经济开发发展及经济共享发展五个方面构建了经济高质量发展的指标体系。刘秉镰和秦文晋(2022)从高质量供给、高质量需求、发展效率、结构优化、经济稳定、社会效益、绿色发展7个维度界定了经济高质量发展水平的内涵,并构建了包含7个一级指标、18个二级指标、30个三级指标的经济高质量发展评价指标体系。同时,他们借助Dagum基尼系数、空间Markov链等多种空间统计方法揭示了中国各省的经济高质量发展的空间非均衡特征、地区差距、空间相关性及动态演进特征。

不同学者基于自身理解和研究视角,构建了丰富多样的经济高质量发展评价指标体系,这些不同的指标体系测度的经济高质量发展水平也存在一定的差异,这也说明了进一步完善和构建科学、合理的评价体系对于准确衡量经济高水平发展的必要性。总体而言,当前对于经济高水平发展的区域差距、特征以及时间布局等方面的研究,多数停留在简单描述或笼统概括层面(刘国斌和宋瑾泽,2019),存在进一步深入研究的空间。一方面,在评价指标体系的构建上,当前研究对经济高质量发展的内涵未进行充分梳理和界定,导致不同学者理解的经济高质量发展水平存在差异,进而导致所构建的评价指标体系不够完善。另一方面,在评价的具体层面上,当前研究往往忽视了对经济高质量发展水平区域差距及分布的动态演进特征的研究。

1.3.4 科技创新与经济发展相关研究

当前,国内外关于科技创新与经济发展的关系的研究较为丰富(Adak,2015;肖田野等,2017;张育齐和袁连升,2019),学者们主要从以下四个方面进行研究:一是对科技进步贡献率的实证研究,如周绍森等(2010)实证分析了我国1980年至2007年相关因素对经济增长的贡献份额。二是对科技创新与经济增长的关系的研究,如Pece等(2015)通过多元回归模型对波兰、捷克等东欧国家的创新与经济增长的关系进行分析。三是对科技创新与经济发展方式关系的研究,如张岩(2017)研究了科技创新对中国区域绿色转型能力提升的关系。四是对科技创新与经济发展协调关系的研究,如杨武和杨淼(2017)建立了科技-经济系统的耦合协调度模型,并且探究了两者的协调度。

当前关于区域科技创新对经济增长效应的研究还存在以下不足:首先,在研究层面上,国家层面或省级研究较多,地级市及区县的分析探究较少;其次,在研究方法上,学者多采用传统的研究方法,但应强调现代经济学研究方法的运用(如面板数据随机前沿方法等),这有利于对区域科技创新促进经济增长的个体差异性和时期差异性进行实证分析;再次,在核心变量的测度上,当前关于区域科技创新和经济发展的测度,多数研究主要集中于投入产出的研究,特别是往往以国内生产总值(GDP)或人均GDP来简单衡量经济发展水平,缺乏对科技创新能力和经济高质量发展构建评价指标体系的研究;最后,在跨区域科技合作的研究上,当前对跨区域创新合作的关注则较少,缺乏从空间视角以及网络视角对跨城市创新合作能力的空间结构特征及合作网络进行分析,并对其与经济增长的关系进行探析。

综上所述,探究科技创新与经济高质量发展之间的关系,有利于明晰科技创新对于经济高质量发展的驱动作用(华坚和胡金昕,2019)。具体来说,第一,有利于了解区域科技创新能力的总体特征,更充分地认识当前区域科技创新政策的改进方向和努力目标,从而为制定正确的科技发展政策提供参考。第二,有助于深入研究区域科技创新促进经济增长的个体差异性与时期差异性、区域经济差距的形成原因及寻找缩小区域经济差距的政策措施。

2 区域科技创新环境评价与对比研究

2.1 区域科技创新环境综合评价指标体系构建

2.1.1 区域科技创新环境的关键评价指标分析

2.1.1.1 评价指标体系设计依据与原则

科技创新环境的基本内涵决定了其不仅是一个当下的概念,需要综合考虑当前科技创新环境和科技创新环境的未来发展趋势才能准确衡量一个区域的综合科技创新环境。围绕核心研究内容,本书收集、整理了国内外关于科技创新环境评价的研究文献,以及国家层面、安徽省层面关于科技创新与经济发展相关政策指导资料,借鉴相关学术研究及公开权威报告,如《中国科创城市报告》《中国城市创新创业环境评价研究报告》《中国区域创新能力评价报告》等,提出了科技创新环境评价指标体系。

科技创新环境评价指标体系构建的科学性、系统性、可比性和可操作性等原则,直接影响到区域科技创新环境评价的准确性。为此,本书在设计科技创新环境评价指标体系时遵循以下几个基本原则:

(1) 科学性原则。设计区域科技创新环境指标体系时要考虑评价指标各元素及指标结构整体的合理性,从不同侧面设计反映整体功能的指标。同时,指标要有较好的可靠性、独立性、代表性、统计性,且指标之间应有一定的内在逻辑关系,但不应出现过多的信息包含关系而使指标内涵重叠。

(2) 系统性原则。区域科技创新环境是一个系统的范畴,由当地经济发展、人才状况、产业结构、研发投入等多个方面决定。因此,区域科技创新环境评价指标体系应体现出系统性原则,充分考虑影响区域科技创新环境的诸多因素,从而全面、系统、客观地评价长三角的区域科技创新环境。

(3) 可比性原则。指标体系的设计必须充分考虑到各区域之间统计指标的差异,在具体指标选择上必须是各区域共有的指标涵义,统计口径和范围尽可能保持一致,以对研究对象进行统一评价。因此,科技创新环境评价指标体系的构建应满足对不同区域、不同时间范围之间的区域科技创新环境进行空间区域分布和时间动态变化的比较。

(4) 可操作性原则。选取的评价指标不仅要符合区域科技创新与经济发展的要求,也要考虑数据的可得性。本书数据主要来源于国泰安数据库、国家统计年鉴、长三角三省一市及各地市的统计年鉴、政府官方网站数据,并且选取的指标考虑了地区特征,具有针对性与代表性。

2.1.1.2 评价指标体系选择过程

建立科学、全面、合理的指标体系是科技创新环境评价工作的关键。尽管可供选择的评价指标很多,但指标并不是越多越好,指标过多,反而会模糊待评价事物的真相。科技创新环境评价指标体系应该建立在能够反映当地科技创新环境的基础上,筛选具有代表性的指标。本书聚焦于科技创新,着重关注营商环境、人才环境、研发环境等直接或间接作用于科技创新的指标,与之前相关指标研究所关注整体区域创新环境要素相比,对一些相对宽泛的评价,如基础设施、人文环境等进行了一定的调整和取舍。

本书根据科学性、系统性、可比性和可操作性等评价指标构建原则,通过以下四个步骤设计科技创新环境评价指标体系:

(1) 第一步:建立文献库,梳理国内外科技创新环境评价文献,整理现有研究使用的评价指标,建立全方位的指标库,并总结目前研究热点和研究局限,为下一步指标体系建立提供依据。

(2) 第二步:总结国家层面和省级层面涉及长三角一体化相关政策的要点,研判长三角一体化发展趋势,解读各地鼓励科技创新、吸引人才的政策,掌握各地对科技创新环境建设的措施。

（3）第三步：通过专家访谈与调查，确定影响区域科技创新的核心环境要素，筛选出科学、合理的指标，同时，通过搜集数据及运用熵值法，确定各项指标权重。

（4）第四步：构建评价指标体系，基于理论分析和实践调查，建立区域科技创新环境综合评价指标体系。

值得一提的是，由于本书所面对的区域创新环境评价主体是经济较为发达的长三角地区，基础设施建设较为平衡，甚至在国内排名前列。此外，已经有多位国内外学者发现基础环境对科技创新环境影响并不显著。因此，本书对现有文献中经常出现的基础设施环境相关指标进行了剔除，如互联网普及率、公路里程等。

综上，在借鉴国内外相关研究成果的基础上，本书从营商环境、产业环境、人才环境、金融环境和研发环境五个方面构建了科技创新环境综合评价指标体系。

2.1.1.3 科技创新环境具体评价指标体系

本书构建的科技创新环境评价指标体系，包含的具体指标如下：

1) 营商环境

营商环境是科技创新环境的枢纽，营商环境反映的是市场主体在准入、生产经营等过程中涉及的政务环境、市场环境、法治环境、人文环境等有关外部因素和条件的总和，体现了区域科技创新的市场基础和政策支持情况。《中国城市创新创业环境评价报告》将营商环境作为二级指标加入了指标体系，认为营商环境是一个地区创新潜力和经济发展软实力的重要体现。良好的营商环境能为创办新企业、进行产业投资或其他商业创新活动提供便利，展现了一个城市政府管理水平与公共服务能力。

基于相关文献，本书认为营商环境包含了政商关系、政府支持以及商业活力三个维度。由此，本部分重点选取了以下6个营商环境三级指标：政商关系指数、一般预算内支出、科技支出占地方财政支出的比重、社会消费品零售总额占GDP比重、人均可支配收入、各类市场主体数量。

2) 产业环境

产业环境是科技创新环境的基础，是一个地区思想解放程度、市场发育程度和政府执政水平的具体体现。产业环境不仅直接影响一个城市当前的科技创业环境的水平与质量，还决定着一个城市科技创新环境发展的前景和后劲。在本书的指标体系构建中,产业环境主要从产业基础与高新技术产业两个角度进行评价,选取了五个产业环境三级指标:规模以上工业企业数量、规模以上工业企业主营业务收入、高新技术企业数量、国家级高新技术产业区数量、国家级高新技术产业区营业收入。

3) 人才环境

人才环境是科技创新环境的载体,研发人员是科研创新活动发生的载体,任何创新创造都来源于人。在创新全球化及互联网时代,以人才为代表的创新要素可在全球范围内自由流动并整合,将深刻影响城市科技创新环境的形成,而以大学生为代表的年轻群体更是体现了一座城市现在与未来创新的潜力。本书认为人才环境包含了高校人才、科研人才和从业人才三个方面,并重点选取了人才环境的五个三级指标:每十万人普通高校在校生人数,每十万人R&D人员数,获得国家杰出青年科学基金数,每十万人科研、技术服务和地质勘查业从业人员数,每十万人信息传输、计算机服务和软件业从业人员数。

4) 金融环境

金融环境是科技创新环境的重要支撑。科技创新的特点是前期风险大、不确定性高,但后期收益前景大,最重要的是需要稳定长期的金融资本支持,从这一点来说,金融环境对科技创新的影响尤为重要。在结合相关文献基础上,本书主要从金融从业、融资渠道和融资规模三个角度出发,重点选取了5个三级评价指标:每十万人金融业从业人员数量、境内上市公司数量、创业板上市公司数量、金融机构本外币存款余额、金融机构本外币贷款余额。

5) 研发环境

研发环境是科技创新环境的核心。一座城市的创新,最直接的影响因素之一就是其对研发的重视程度以及投入程度,同时,城市所拥有的科技创新机构和科研成果也是城市研发环境最直接的体现。对研发的重视和投入可以带来优良的科研成果,支持科技创新机构吸引更多的人才,从而形成良性循环,维持城市长久的科研创新环境。

基于此,本书重点从研发投入、研发机构、研发成果以及科技服务四个角度切入,重点选取了6个三级指标:研发(R&D)投入占GDP的比重、国家级重点实验室数量、国家工程技术研究中心数量、专利申请数、获得国家级奖励数量、国家级科企业孵化器数量。

基于营商环境、产业环境、人才环境、金融环境以及研发环境五个重点维度,本书最终共选取27个三级指标,构建了面向长三角一体化战略的安徽省科技创新环境综合评价指标体系,如表2-1所示。

表2-1 科技创新环境综合评价各级指标

一级指标	二级指标	三级指标
营商环境	政商关系	政商关系指数
	政府支持	一般预算内支出
		科技支出占地方财政支出的比重
	商业活力	社会消费品零售总额占GDP比重
		人均可支配收入
		各类市场主体数量
产业环境	产业基础	规模以上工业企业数量
		规模以上工业企业主营业务收入
	高新技术产业	高新技术企业数量
		国家级高新技术产业区数量
		国家级高新技术产业区营业收入
人才环境	高校人才	每十万人普通高校在校生人数
	科研人才	每十万人R&D人员数
		获得国家杰出青年科学基金数
	从业人才	每十万人科研、技术服务和地质勘查业从业人员数
		每十万人信息传输、计算机服务和软件业从业人员数
金融环境	金融从业	每十万人金融业从业人员数量
	融资渠道	境内上市公司数量
		创业板上市公司数量
	融资规模	金融机构本外币存款余额
		金融机构本外币贷款余额
研发环境	研发投入	R&D投入占GDP的比重
	研发机构	国家级重点实验室数量
		国家工程技术研究中心数量
	研发成果	专利申请数
		获得国家级奖励数量
	科技服务	国家级科技企业孵化器数量

2.1.2 面向长三角一体化战略的安徽省科技创新环境评价体系设计

2.1.2.1 数据来源及说明

为保证所有的数据口径及年限一致,本书采用的官方数据皆来自于权威机构,对各项指标进行统计和分类之后,选取合适并且能完整获得的数据作为最终评价指标。其中:

(1) 一般预算内支出、科技支出、社会消费品零售总额、GDP、高校在校生人数、R&D人员数、规模以上工业企业数量、金融机构本外币存贷款余额等基础城市统计数据,来源于中国城市数据库、中国区域经济数据库以及各个城市的统计年鉴,具体测算时会对数据进行分类统计梳理,部分指标如社会消费品零售总额占GDP比重是对基础数据进行相关运算后获得的。

(2) 境内上市公司数量、创业板上市公司数量收集自国泰安数据库(CSMAR)。

(3) 政商关系指数来源于"中国政商关系排行榜",该排行榜由中国人民大学国家发展战略研究院政企关系与产业发展研究中心发布。

(4) 获得国家杰出青年科学基金数这一指标由本书编写组从国家自然科学基金官网手动统计每个城市的相关数据获得。国家重点实验室数量、国家工程技术研究中心数量、国家级科技企业孵化器数量等数据则是对科技部官网及各个城市的统计年鉴的数据进行统计梳理后获得,并相互佐证。

2.1.2.2 关键指标解释

(1) 政商关系指数来自于"中国城市政商关系排行榜"。该排行榜由中国人民大学国际发展研究院从"亲""清"两个方面构建的中国城市政商关系健康指数的评价中得到,聚焦于营商环境中短期内可以改进、地方官员可以有所作为的"政商关系"。政商关系指数可以一定程度上体现城市的政商关系,是营商环境的重要组成部分。良好的政商关系可以对当地的科技创新和科技成果转化提供政策支持。

(2) 一般预算内支出和科技支出占地方财政支出的比重。地方财政科技支出的规模和水平是反映地方政府对创新活动支持的指标之一,一般预算内支出和地方财政科技支出占地方财政支出比重综合起来可以衡量地方政府科技投入强度和重视程度。

(3) 社会消费品零售总额占GDP比重、人均可支配收入和各类市场主体数量体现了当地的商业活力,商业活力反映了当地对科技创新的市场和需求及科技创新成果转化的容易程度。

(4) 规模以上工业企业数量和规模以上工业企业主营业务收入。规模以上工企,在统计学中一般以年主营业务收入作为企业规模的标准,达到一定规模要求的企业就称为规模以上企业。中国规模以上工业企业是指年主营业务收入在2000万元以上的工业企业。规模以上工业企业数量和规模以上工业企业主营业务收入体现了当地的产业基础,是产业环境的重要组成部分,是科技创新的重要基础指标。

(5) 高新技术企业是指在"国家重点支持的高新技术领域"内,持续进行研究开发与技术成果转化,形成企业核心自主知识产权,并以此为基础开展经营活动,在中国境内(不包括港澳台地区)注册一年以上的居民企业。它是知识密集、技术密集的经济实体。高新技术企业认定政策是一项引导政策,目的是引导企业调整产业结构,走自主创新、持续创新的发展道路,激发企业自主创新的热情,提高科技创新能力。当地高新技术企业数量是当地科技创新环境的重要体现。

(6) 国家级高新技术产业区(高新区)和国家级高新技术产业区营业收入。高新区是具有中国特色的创新模式,是在国内一些知识与技术密集的大中城市和沿海地区建立的发展高新技术的产业开发区。科技部统计数据显示,2017年国家高新区共有103631家企业纳入统计,劳动生产率为33.2万元/人,是全国全员劳动生产率(10.1万元/人)的3.3倍,企业研发经费投入与园区生产总值的比例为6.5%,是全国研发经费投入强度的3.1倍。产业集聚区引领工业转型升级。从某种意义上来说,高新区企业的工业产出更能代表工业产值背后的科技含量。

(7) 每十万人普通高校在校生人数。科技创新与国民的受教育水平和劳动者素质密切相关,而普通高校在校生人数比重也是反映当地科技人力资源的重要指标,同时也体现了当地未来科技创新的人才潜力。

(8) 每十万人R&D人员数。R&D人员是创新最为重要的人力资源之一。R&D人员是指参与研究与试验发展项目研究、管理和辅助工作的人员,包括项目

(课题)组人员、科技行政管理人员和直接为项目(课题)活动提供服务的辅助人员。每十万人R&D人员数量是地方科研人才基础储备的重要指标。

(9)获得国家杰出青年科学基金数。国家杰出青年科学基金,支持在基础研究方面已取得突出成绩的青年学者自主选择研究方向开展创新研究,促进青年科学技术人才的成长,吸引海外人才,培养造就一批进入世界科技前沿的优秀学术带头人。该基金资助全职在中国内地工作的优秀华人青年学者从事自然科学基础研究工作。获得国家杰出青年科学基金的数量反映了地方拥有的高端科研人才的数量和科研人员所具有的能力。

(10)每十万人科研、技术服务和地质勘查业从业人员数和每十万人信息传输、计算机服务和软件业从业人员数。依据我国"十三五"规划,科研、技术服务和地质勘查业,信息传输、计算机服务和软件业属于知识密集型服务业,这两个行业的人员数量在一定程度上体现了当地从业人才对科技创新的影响。

(11)金融业从业人员数量体现了当地金融业的规模,是当地金融行业繁荣程度的重要指标。

(12)境内上市公司数量和创业板上市公司数。主板上市公司传统产业集中,以沪深300和标普500做对比,标普500成分股中总市值占比前三的行业为信息技术、可选消费、医疗保健,而沪深300成分股中占比前三的行业为金融、工业和能源,A股新兴产业企业参与度低。主板加上创业板企业数可以在很大程度上衡量该城市优质科技创新型企业的规模,也体现了当地融资环境。

(13)金融机构本外币存贷款余额反映一个城市对资金的吸附能力。资金是经济运行的动力和结果,一个城市能汇聚多少资金,显示出这个城市的综合实力和发展潜力,能汇聚更多资金的城市才能为科技创新提供更多的融资。

(14)R&D投入占GDP的比重,是指统计年度内全社会实际用于基础研究、应用研究和试验发展的经费支出占GDP的比重,又称为投入强度。R&D投入占GDP的比重,被视为衡量当地科技投入水平最为重要的指标。

(15)国家重点实验室和国际工程技术研究中心数。国家重点实验室是国家科技创新体系的重要组成部分,它依托于中国科学院各研究所、重点大学和企业,是国家组织高水平基础研究和应用基础研究、聚集和培养优秀科学家、开展高层次学术交流的重要基地。国家工程技术研究中心是国家科技发展计划的重要组成部分,依托于行业、领域科技实力雄厚的重点科研机构、科技型企业或高校,拥有国内一流的工程技术研究开发、设计和试验的专业人才队伍,具有较完备的工程技术综合配套试验条件,能够提供多种综合性服务,与相关企业紧密联系,同时具有自我良性循环发展机制的科研开发实体。国家重点实验室和工程技术中心数量可以反映参评城市研究机构的完善程度以及对创新要素集聚的吸引力,是科技创新研发环境的重要组成部分。

(16)专利申请数。注重发明创造、具有较强的专利意识是体现创新意识的重要方面,专利申请和专利授权规模是反映研发成果规模和水平的重要指标。

(17)获得国家级奖励数量。国家级科学技术奖励包括国家自然科学奖、国家技术发明奖、国家科学技术进步奖和中华人民共和国国际科学技术合作奖。获得国家级奖励是地方拥有研发顶级科研成果能力的体现。

(18)国家级科技企业孵化器。据科技部火炬中心资料,1987年我国第一家科技企业孵化器成立于武汉,目前其通过为新创办的科技型中小企业提供物理空间及一系列创新创业服务,已经成为培育科技型中小企业、促进科技成果转化、培育企业家精神的重要载体,众创空间也起到类似的作用。

2.1.2.3 评价指标权重设计

在选定科技创新环境评价指标后,本书按照三个步骤来构建科技创新评价模型(表2-2),具体而言:

表2-2 科技创新环境综合评价指标及权重

一级指标	权重	二级指标	权重	三级指标	权重
营商环境	18.55%	政商关系	3.10%	政商关系指数	3.10%
		政府支持	7.10%	一般预算内支出	2.80%
				科技支出占地方财政支出的比重	4.30%
		商业活力	8.35%	社会消费品零售总额占GDP比重	2.60%
				人均可支配收入	2.75%
				各类市场主体数量	3.00%
产业环境	18.80%	产业基础	6.50%	规模以上工业企业数量	2.90%
				规模以上工业企业主营业务收入	3.60%
		高新技术产业	12.30%	高新技术企业数量	3.50%
				国家级高新技术产业区数量	4.50%
				国家级高新技术产业区营业收入	4.30%

续表

一级指标	权重	二级指标	权重	三级指标	权重
人才环境	19.35%	高校人才	3.00%	每十万人普通高校在校生人数	3.00%
		科研人才	9.30%	每十万人R&D人员数	3.30%
				获得国家杰出青年科学基金数	6.00%
		从业人才	7.05%	每十万人科研、技术服务和地质勘查业从业人员数	3.50%
				每十万人信息传输、计算机服务和软件业从业人员数	3.55%
金融环境	16.00%	金融从业	2.85%	每十万人金融业从业人员数量	2.85%
		融资渠道	7.15%	境内上市公司数量	3.00%
				创业板上市公司数量	4.15%
		融资规模	6.00%	金融机构本外币存款余额	3.00%
				金融机构本外币贷款余额	3.00%
研发环境	27.30%	研发投入	3.10%	R&D投入占GDP的比重	3.10%
		研发机构	10.10%	国家级重点实验室数量	6.10%
				国家工程技术研究中心数量	4.00%
		研发成果	10.10%	专利申请数	3.50%
				获得国家级奖励数量	6.60%
		科技服务	4.00%	国家级科技企业孵化器	4.00%

(1) 第一步：对评价指标进行无量纲化处理。由于在三级指标中各细分指标反映了科技创新的不同维度细节，在内容、数量级和量纲上都有较大差别，因此无法合并计算。综合评价过程中采用无量纲化的方法有很多，本书采用熵值法。熵值法能够根据各项指标值的变异程度来确定指标权数，这是一种客观赋权法，避免了人为因素带来的偏差，相对那些主观赋值法，精度较高、客观性更强，能够更好地解释所得到的结果。由于本书中采用的指标都是正向指标，数值越大表明科技创新环境越好，因此只需采用正向影响的无量纲化公式：

$$X_i = \frac{X_i - X_{\min}}{X_{\max} - X_i} \times 100$$

式中，X_i 表示第 i 个城市的指标在进行无量纲化之后的所得值，X_i 值是原始数据，$X_{\max}$ 和 $X_{\min}$ 是所有城市在该指标中的原始数据的最大值和最小值。

考虑到三省一市的指标数据量过小,直接进行无量纲化操作会导致出现大量零值,所以在进行无量纲处理的过程中将 X_{min} 取理论上的最小值0进行处理。

(2)第二步:确定各级子指标权重。指标权重的确定直接影响到科技创新环境指数排名的综合结果,权重的变动也可能引起被评价对象排位的改变,因此正确地确定权重很重要。本书采用评价指标体系中常用的熵值法来确定各指标的权重,直接精确到每一个三级指标的权重,然后对小数点后三位数值进行四舍五入,再倒推获得二级指标的各项权重。采用熵值法的原因是,在科技创新环境评价指标这个体系中,还没有约定俗成或统一的认识,任何的权重做法都带有一定的主观影响。

(3)第三步:构建科技创新环境综合评价体系。根据无量纲化处理之后的结果及等权重赋分,构建线性组合模型,用于计算科技创新环境指数的最后得分。评价分值越高,说明该城市的现阶段科技创新环境越好。科技创新环境综合评价模型式:

$$Y_i = \sum a_{ij} X_{ij}$$
$$Y = \sum a_i Y_i$$

式中,Y 为最终城市科技创新环境的综合指标,Y_i 是第 i 个二级指标的评分,X_{ij} 是第 i 个三级指标第 j 项在无量纲化后的得分值,是赋予的权重。需要指出的是,在进行了无量纲化处理之后,得出的指数就没有了具体的经济意义,而是作为比较与综合评价各参与评选的城市科技创新环境的一个标准,方便进行全方位的排序和比较。

2.2 区域科技创新环境评价与立体比较研究

本书按照上述科技创新环境评价指标体系,分别搜集整理了安徽省内16个城市、江浙沪皖三省一市及其重点城市的各项科技创新环境评价指标数据,计算得出长三角三省一市、安徽省内各个城市以及长三角10个重点城市各年份科技创新环境评价结果,并进一步从省份、地市两个层面,对长三角地区科技创新环境进行了横向和纵向的立体比较分析,以便于全面掌握安徽科技创新环境在长三角的位置,并找出安徽省科技创新环境建设的亮点与短板。

2.2.1 安徽省科技创新环境发展动态综合评价分析

本书统计了2017年、2018年、2019年三个年份安徽省各地级市科技创新环境状况。通过对相关数据的统计分析得到了科技创新环境综合评价榜单,透过榜单可以看出,安徽省各地市科技创新环境评价得分总体保持上升趋势。从表2-3可知,合肥、芜湖、马鞍山、蚌埠长期位于安徽省科技创新环境榜单的前列。

表2-3 2017—2019年安徽省各地市科技创新环境评价得分与排名

城市	2017年		2018年		2019年	
	评价得分	排名	评价得分	排名	评价得分	排名
合肥市	38.39	1	37.58	1	43.23	1
宣城市	10.60	7	10.12	8	10.60	10
宿州市	7.03	15	7.42	15	8.58	15
滁州市	9.93	10	10.84	7	11.17	7
池州市	7.99	14	8.57	13	9.57	13
阜阳市	8.96	12	9.00	12	10.15	12
六安市	9.78	11	10.08	9	10.92	8
蚌埠市	13.36	4	14.08	4	14.52	4
淮南市	10.00	8	10.95	6	11.44	6
铜陵市	12.61	5	11.72	5	13.48	5
马鞍山市	15.76	3	15.34	3	16.72	3
淮北市	8.46	13	7.98	14	9.09	14
芜湖市	19.61	2	20.30	2	20.34	2
安庆市	9.94	9	9.51	11	10.23	11
黄山市	10.99	6	10.00	10	10.60	9
亳州市	7.00	16	7.31	16	7.66	16

2.2.2 安徽省与长三角区域省份的科技创新环境比较分析

本书统计了2017—2019年安徽省、江苏省、浙江省和上海市的科技创新环境状况,结果如表2-4所示。可以看出,安徽省科技创新环境评价得分总体保持上升趋势,但在长三角三省一市中仍然处于落后的位置,与江苏省和上海市仍有较为明显的差异。

表2-4 2017—2019年长三角三省一市科技创新环境评价得分与排名

省(直辖市)	2017年		2018年		2019年	
	评价得分	排名	评价得分	排名	评价得分	排名
安徽省	30.64	4	31.99	4	34.83	4
江苏省	74.78	1	77.27	1	81.46	1
浙江省	52.00	3	55.12	3	58.02	3
上海市	64.24	2	63.73	2	71.21	2

2.2.3 安徽省重点城市与长三角区域重要城市的科技创新环境比较分析

本书选取长三角区域10个重点城市:上海市、南京市、苏州市、无锡市、杭州市、宁波市、温州市、合肥市、芜湖市、马鞍山市,分别统计这10个城市2017—2019年科技创新环境状况,结果如表2-5所示。可以看出,上海市、南京市、杭州市常年占据前三的位置,合肥市则连续位于长三角区域第5名,同时,芜湖市、马鞍山市在科技创新环境评价得分总体保持上升趋势,但在长三角重点城市中仍然处于靠后的位置。

表 2-5 2017—2019 年长三角重点城市科技创新环境评价得分与排名

城市	2017年		2018年		2019年	
	评价得分	排名	评价得分	排名	评价得分	排名
上海市	64.24	1	63.73	2	71.21	1
南京市	59.40	3	67.47	1	71.19	2
苏州市	52.39	4	57.01	4	62.09	4
无锡市	35.23	6	36.91	6	40.54	6
杭州市	62.07	2	60.23	3	68.13	3
宁波市	33.98	7	36.19	7	38.98	7
温州市	21.42	8	21.05	8	22.86	8
合肥市	38.39	5	37.58	5	43.23	5
芜湖市	19.61	9	20.30	9	20.34	9
马鞍山市	15.76	10	15.34	10	16.72	10

2.2.4　长三角区域科技创新环境评价子维度比较分析

2.2.4.1　营商环境比较分析

如前所述,营商环境反映的是市场主体在准入、生产经营等过程中涉及的政务环境、市场环境、法治环境、人文环境等有关外部因素和条件的总和,是区域科技创新环境的核心部分之一。

在本书构建的科技创新环境评价体系中,营商环境指标所占权重为18.55%,对应有政商关系、政府支持和商业活力三个二级指标,共包含六个营商环境三级指标,即政商关系指数、一般预算内支出、科技支出占地方财政支出的比重、社会消费品零售总额占GDP比重、人均可支配收入、各类市场主体数量。

1）安徽省内各地市营商环境比较分析

本书统计了2017—2019年安徽省区域营商环境状况,如表2-6所示。从评价得分来看,安徽省各地市的政府支持和商业活力总体保持上升趋势,而政商关系指数则各有波动。从评价得分排名来看,合肥市、芜湖市长期位于安徽省营商环境评价指标的前列,蚌埠市、铜陵市排名近年来有所进步,安庆市、阜阳市、宣城市等地排名波动明显。

表2-6 2017—2019年安徽省各地市营商环境评价得分与排名

城市	2017年		2018年		2019年	
	总得分	排名	总得分	排名	总得分	排名
合肥市	58.90	1	56.28	1	66.46	1
宣城市	34.78	6	31.56	7	35.03	9
宿州市	24.97	14	26.73	14	32.00	12
滁州市	30.61	12	29.60	10	32.87	10
池州市	22.95	16	23.67	15	29.13	15
阜阳市	31.81	9	29.34	11	35.96	8
六安市	30.84	11	31.96	6	36.37	7
蚌埠市	35.66	5	33.64	4	40.31	3
淮南市	31.68	10	29.10	12	31.97	13
铜陵市	31.99	8	30.03	9	36.58	5
马鞍山市	37.31	3	34.20	3	37.91	4
淮北市	23.74	15	20.26	16	24.68	16
芜湖市	47.14	2	47.89	2	48.44	2
安庆市	34.01	7	30.53	8	32.77	11
黄山市	36.84	4	33.62	5	36.50	6
亳州市	26.68	13	27.17	13	31.47	14

从具体指标来看,安徽各地市地区预算支出一直保持增长,但总体而言,安徽省各地市的地区预算整体不均衡,且大部分地市处于较低水平;相对而言,安徽省各地市的人均可支配收入则在稳定增长的情况下,整体保持相对均衡的态势;各地市"科技支出占地方财政支出的比重"总体保持稳中有升的趋势,但是淮北、宿州、马鞍山等地科技支出占地方财政支出比重略有下降。

2) 安徽省与长三角其他省份营商环境比较分析

本书统计了2017—2019年安徽省、江苏省、浙江省和上海市营商环境情况，结果如表2-7所示。可以看出，安徽省评价指标总体得分在长三角区域排名相对靠后，反观浙江省近年来营商环境得分稳步上升，2019年在长三角地区中排名第一。由于浙江省和江苏省的营商环境指标得分上升，上海市排名则逐年下降。

表2-7 2017—2019年长三角三省一市营商环境评价得分与排名

省（直辖市）	2017年		2018年		2019年	
	总得分	排名	总得分	排名	总得分	排名
安徽省	57.11	4	56.36	4	64.01	4
江苏省	75.08	2	75.37	1	81.16	2
浙江省	74.59	3	72.51	3	81.91	1
上海市	78.76	1	75.04	2	76.56	3

从二级指标来看，上海市的政商关系指标要显著优于江苏省、浙江省和安徽省，但是政府支持得分逐年下降，主要体现在科技支出占地方财政支出的比重逐年下降，如图2-1所示。

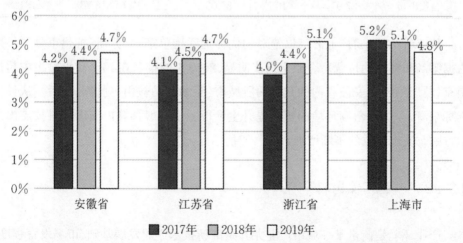

图2-1 长三角区域三省一市2017—2019年科技支出占地方财政支出比重

3) 安徽省重点城市与长三角重要城市营商环境比较分析

本书统计了2017—2019年长三角区域10个重点城市：上海市、南京市、苏州市、无锡市、杭州市、宁波市、温州市、合肥市、芜湖市、马鞍山市的营商环境状况，结果如表2-8所示。

表2-8　2017—2019年长三角区域重点城市营商环境评价得分与排名

城市	2017年		2018年		2019年	
	总得分	排名	总得分	排名	总得分	排名
上海市	73.11	1	68.65	1	72.26	1
南京市	46.72	4	50.57	4	51.55	5
苏州市	60.73	2	57.84	2	64.20	2
无锡市	39.00	8	40.93	7	43.63	7
杭州市	57.78	3	52.97	3	58.55	3
宁波市	44.93	7	45.63	5	49.75	6
温州市	46.02	5	40.47	8	40.89	8
合肥市	45.93	6	43.23	6	53.19	4
芜湖市	35.68	9	35.98	9	37.80	9
马鞍山市	27.91	10	25.03	10	28.78	10

从评价结果来看，上海市以绝对的优势蝉联榜单第一，苏州、杭州市分别长期占据第二和第三的位置。合肥市进步明显，2019年的排名在10个重点城市中超过南京，位居第四。安徽省内的其他两所城市（芜湖和马鞍山）则排名靠后。从具体指标来看，合肥市营商环境的排名提升主要得益于一般预算内支出和科技支出占地方财政支出比重的不断增加，如图2-2所示。

2.2.4.2　产业环境比较分析

产业环境是衡量某一城市产业尤其是高新技术产业发展基础、市场发育程度、生产要素资源聚集能力、创新创业发展方向的重要指标。产业环境直接影响城市科技创新环境的水平与质量。

近年来，以新兴产业为代表的产业发展得到了中央政府以及地方政府的高度重视。2016年11月底,国务院发布《"十三五"国家战略性新兴产业发展规划》,要求国家发展改革委要会同科技部、工业和信息化部、财政部,发挥好战略性新兴产业发展部际联席会议的牵头作用,加强宏观指导、统筹协调和督促推动,密切跟踪产业发展情况,及时研究协调产业发展中的重大问题。同年12月,国务院成立国家新材料产业发展领导小组,负责审议推动新材料产业发展的总体部署、重要规划,统筹研究重大政策、重大工程和重要工作安排,协调解决重点难点问题,指导督促各地区、各部门扎实开展工作。

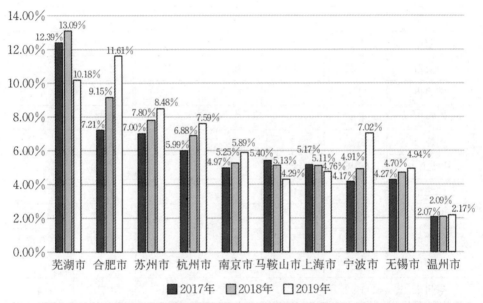

图2-2 长三角10大重点城市2017—2019年科技支出占地方财政支出比重

在本书构建的科技创新环境评价体系中,产业环境指标所占权重为18.80%,对应产业基础和高新技术产业两个二级指标,共包含五个产业环境三级指标:规模以上工业企业数量、规模以上工业企业主营业务收入、高新技术企业数量、国家级高新技术产业区数量、国家级高新技术产业区营业收入。

1) 安徽省内各地市产业环境比较分析

本书统计了2017—2019年安徽省内各地市产业环境情况,结果如表2-9所示。可以看出,合肥、芜湖、马鞍山、蚌埠的产业环境得分一直位于安徽省内前列。

表 2-9 2017—2019 年安徽省各地市产业环境评价得分与排名

城市	2017年		2018年		2019年	
	总得分	排名	总得分	排名	总得分	排名
合肥市	27.06	1	28.06	1	31.51	1
宣城市	3.61	9	3.51	10	3.71	10
宿州市	3.01	10	2.70	11	2.59	11
滁州市	4.68	6	4.87	7	5.27	7
池州市	1.41	15	1.40	15	1.55	15
阜阳市	4.14	8	4.66	8	4.52	8
六安市	2.31	12	2.16	12	2.43	12
蚌埠市	11.89	3	11.71	4	11.69	4
淮南市	1.67	14	7.93	6	8.34	6
铜陵市	9.20	5	9.26	5	9.53	5
马鞍山市	11.89	4	12.26	3	12.90	3
淮北市	2.61	11	1.96	13	1.88	13
芜湖市	15.98	2	15.64	2	15.97	2
安庆市	4.53	7	4.60	9	4.32	9
黄山市	1.31	16	1.27	16	1.39	16
亳州市	1.93	13	1.92	14	1.79	14

从具体指标来看,安徽各地市地区规模以上工业企业数量呈现波动趋势。大部分地级市规模以上工业企业数量总体呈下降趋势,其中宿州、淮北、亳州等地下降较为明显,滁州呈现上升趋势;各地市高新技术企业数量逐年增加,其中,合肥、滁州、芜湖等地高新技术企业数量增加较多,亳州、淮北、池州等地高新技术企业数量增加较之前进步明显,如图 2-3 所示。

2) 安徽省与长三角其他省份产业环境比较分析

本书统计了 2017—2019 年安徽省、江苏省、浙江省和上海市产业环境评价得分,结果如表 2-10 所示。可以看出,安徽省在长三角区域中的产业环境评价得分相对靠后,江苏省以较大优势连续保持第一。

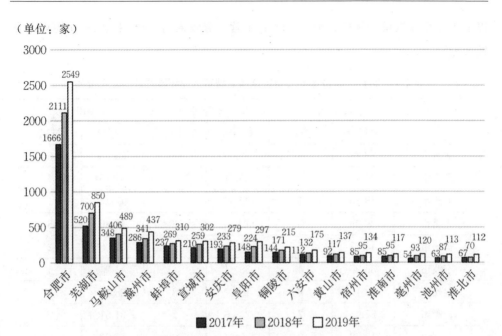

图 2-3 安徽省各地市 2017—2019 年高新技术企业数量

表 2-10 2017—2019 年长三角省(市)产业环境评价得分与排名

省(直辖市)	2017年		2018年		2019年	
	总得分	排名	总得分	排名	总得分	排名
安徽省	26.86	4	28.65	4	30.45	4
江苏省	86.40	1	91.25	1	95.51	1
浙江省	47.87	2	54.07	2	59.96	2
上海市	28.28	3	31.05	3	36.58	3

3) 安徽省重点城市与长三角重要城市产业环境比较分析

本书统计了 2017—2019 年长三角区域 10 个重点城市(上海市、南京市、苏州市、无锡市、杭州市、宁波市、温州市、合肥市、芜湖市、马鞍山市)的产业环境评价得分,结果如表 2-11 所示。可以看出,苏州、杭州、无锡等地指标排名靠前,上海市虽然部分统计数据绝对值较大,但由于其作为一个直辖市,在进行指标无量纲化时以省级单位进行操作,故其产业环境得分在重点城市中排名第六。

相对而言,安徽省几个重点城市的产业环境在长三角省份中排名靠后。从三级指标评价结果来看,主要原因是省内几个重点城市的产业基础得分不理想,规模以上工业企业数量和规模以上工业企业主营业务收入与苏州、南京、杭州等城市有较大差距。

表2-11　2017—2019年长三角区域重点城市产业环境评价得分与排名

城市	2017年		2018年		2019年	
	总得分	排名	总得分	排名	总得分	排名
上海市	28.28	6	31.05	6	36.58	6
南京市	31.00	5	35.81	5	41.15	5
苏州市	78.45	1	92.59	1	100.00	1
无锡市	39.25	3	40.53	3	43.36	3
杭州市	46.72	2	51.68	2	62.08	2
宁波市	35.96	4	38.04	4	41.94	4
温州市	18.10	8	19.67	8	23.36	8
合肥市	27.06	7	28.06	7	31.51	7
芜湖市	15.98	9	15.64	9	15.97	9
马鞍山市	11.89	10	12.26	10	12.90	10

2.2.4.3　人才环境比较分析

习近平总书记指出："环境好，则人才聚、事业兴；环境不好，则人才散、事业衰。"人才是城市开展科技创新活动的核心元素，尤其是高层次的人才，往往在科技创新活动中起到举足轻重的作用。只有进一步完善适于各类人才发展的软环境，才能吸引更多的人才，提升城市科技创新活力。

在本书构建的科技创新环境评价指标体系中，人才环境是区域科技创新环境评价研究重要的一级指标之一，其重要性（权重）仅次于研发环境指标，达到19.35%。人才环境主要由高校人才、科研人才、从业人才三个二级指标来测度，包含的三级指标分别是每十万人普通高校在校生人数，每十万人R&D人员数，获得国家杰出青年科学基金数，每十万人科研、技术服务和地质勘查业从业人员数，以及每十万人信息传输、计算机服务和软件业从业人员数。

1）安徽省内各地市人才环境比较分析

本书统计了2017—2019年安徽省内各地市产业环境评价得分情况，结果如表

2-12所示。可以看出，合肥、芜湖、马鞍山、铜陵的人才环境指数长期位于省内前列，合肥市作为省会城市坐拥54所高校，更有中国科学技术大学、合肥工业大学等老牌名校，人才环境拥有显著优势。

表2-12 2017—2019年安徽省各地市人才环境评价得分与排名

城市	2017年		2018年		2019年	
	总得分	排名	总得分	排名	总得分	排名
合肥市	51.10	1	40.92	1	55.70	1
宣城市	5.40	12	5.16	12	5.86	12
宿州市	3.07	14	2.92	14	3.24	14
滁州市	5.84	11	7.17	9	7.37	10
池州市	6.97	9	7.63	8	8.15	9
阜阳市	2.03	15	2.07	16	2.59	15
六安市	8.59	6	8.85	6	9.06	5
蚌埠市	8.71	5	9.63	5	8.98	6
淮南市	6.23	10	6.52	11	6.61	11
铜陵市	11.79	4	10.37	4	10.50	4
马鞍山市	11.79	3	12.79	3	14.60	3
淮北市	7.36	8	8.61	7	8.83	8
芜湖市	15.49	2	16.08	2	18.47	2
安庆市	4.82	13	5.14	13	5.72	13
黄山市	8.16	7	6.89	10	8.87	7
亳州市	2.01	16	2.19	15	1.85	16

从三级指标来看，安徽省内各地市"每十万人高校在校生人数"指标历年变化不大。大部分城市在2018年该项指标略有下降，2019年再次回升；多数地市"每十万人R&D人员数"持续增加。

2) 安徽省与长三角其他省份人才环境比较分析

本书统计了2017—2019年安徽省、江苏省、浙江省和上海市人才环境评价得分情况，结果如表2-13所示。可以看出，安徽省人才环境综合得分在长三角区域中排名靠后。

表 2-13 2017—2019 年长三角三省一市人才环境评价得分与排名

省(直辖市)	2017年		2018年		2019年	
	总得分	排名	总得分	排名	总得分	排名
安徽省	26.04	4	24.30	4	32.23	4
江苏省	46.20	2	48.96	2	52.93	2
浙江省	36.09	3	34.21	3	41.35	3
上海市	81.92	1	75.86	1	97.49	1

从具体的三级指标来看,江苏省作为教育大省,坐拥11所211/985高校,在高校人才得分方面占据优势,而上海市得益于经济发展水平,在科研人才、从业人才这两项指标中保持压倒性优势,其在"每十万人R&D人员数""每十万人科研、技术服务和地质勘查业从业人员数""每十万人信息传输、计算机服务和软件业从业人员数"三项指标上的得分远高于长三角其他省份。

图2-4为长三角省(市)2017—2019年每十万人普通高校在校生人数。

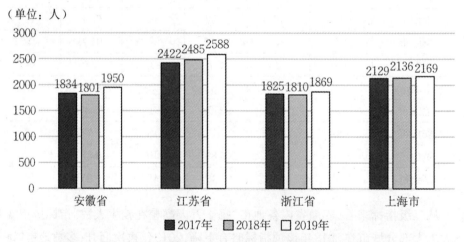

图2-4 长三角省(市)2017—2019年每十万人普通高校在校生人数

3) 安徽省重点城市与长三角重要城市人才环境比较分析

本书统计了2017—2019年长三角区域10个重点城市(上海市、南京市、苏州市、无锡市、杭州市、宁波市、温州市、合肥市、芜湖市、马鞍山市)的人才环境评价得分,结果如表2-14所示。可以看出,上海市、南京市和杭州市稳居榜单前三。值得一提的是,合肥在人才环境评价得分中连续三年稳居第四,且得分与排名第五的苏州市拉开了一定的差距。

表2-14　2017—2019年长三角区域重点城市人才环境评价得分与排名

城市	2017年		2018年		2019年	
	总得分	排名	总得分	排名	总得分	排名
上海市	81.92	1	75.86	2	97.49	1
南京市	74.54	2	82.72	1	97.31	2
苏州市	25.04	5	27.89	5	31.54	5
无锡市	21.29	6	20.85	7	25.00	6
杭州市	61.65	3	49.35	3	63.46	3
宁波市	17.99	7	21.92	6	24.21	7
温州市	9.16	10	9.66	10	13.08	10
合肥市	51.10	4	40.92	4	55.70	4
芜湖市	15.49	8	16.08	8	18.47	8
马鞍山市	11.79	9	12.79	9	14.60	9

从三级指标评价得分结果来看，拥有中国科学技术大学、合肥工业大学、安徽大学等老牌知名高校的合肥市在高校人才和科研人才两项指标上的得分一直稳居长三角区域前三名，但从业人才指标得分与杭州市存在较大差距，导致合肥市人才环境总分位居第四，这体现出经济发展在吸引从业人才上的重要性。

图2-5为长三角区域重点城市2017—2019年每十万人普通高校在校生人数。

2.2.4.4　金融环境评价分析

金融是现代经济的核心，是社会资源配置的枢纽，也是推动科技创新的重要杠杆。世界经济史上，几乎每一项科技进步都依靠金融创新获得资金支持，每一次经济起飞都与金融创新息息相关。科技创新和产业化同样离不开金融的支持。科技创新由研发、中间试用、商品化、产业化等多个阶段组成，是一个高投入、高风险和高收益的复杂动态过程，不仅需要功能完善、高效稳定的金融体系为其提供清算支付、风险管理等功能，更需要通过强化金融创新的功能，更好地为科技成果转化提供重要支撑。金融的功能不仅在于解决科技成果产业化过程中所面临的资金难题，还可以形成一套促进高新技术产业化的较为完备的制度功能体系。

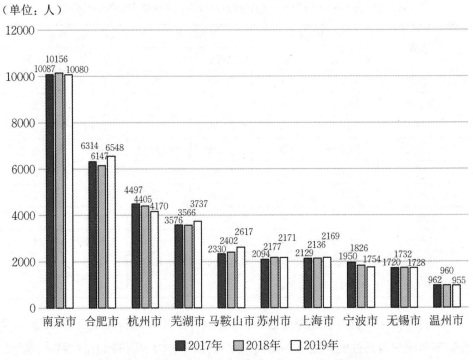

图2-5 长三角区域重点城市2017—2019年每十万人普通高校在校生人数

《"十三五"国家科技创新规划》提出发挥金融创新对创新创业的重要助推作用,开发符合创新需求的金融产品和服务,大力发展创业投资和多层次资本市场,完善科技和金融结合机制,提高直接融资比重,形成各类金融工具协同融合的科技金融生态。正因于此,国务院发布的《关于大力推进大众创业万众创新若干政策措施的意见》把构建适应"双创"需求的金融体系放在改革完善"双创"体制机制和构建"双创"普惠性政策扶持体系的核心位置,明确提出"推动资金链引导创业创新链、创业创新链支持产业链、产业链带动就业链",积极发挥金融创新发展对"双创"的引领和支撑作用。

因此,金融环境是本书构建的科技创新环境综合评价指标体系中的重要维度。金融环境由金融从业、融资渠道和融资规模三个二级指标来测度,分别考察城市的金融从业人员、企业上市情况、存贷款规模,包含了5个三级评价指标,分别是每十万人金融业从业人员数量、境内上市公司数量、创业板上市公司数量、金融机构本外币存贷款余额。

1) 安徽省内各地市金融环境比较分析

本书统计了2017—2019年安徽省内各地市金融环境评价得分情况,结果如表2-15所示。可以看出,近年来安徽省各地市的金融环境得分基本保持稳定。其中,合肥、芜湖、马鞍山金融环境评价得分长期位于省内前列,而产业环境、人才环境指标排名靠前的铜陵市,其金融环境评价得分在全省排名靠后。结合三年指标变化情况来看,滁州市金融环境评价得分进步显著,黄山市金融环境评价得分下降则较为明显。

表2-15 2017—2019年安徽省各地市金融环境评价得分与排名

城市	2017年		2018年		2019年	
	总得分	排名	总得分	排名	总得分	排名
合肥市	29.95	1	31.23	1	32.24	1
宣城市	8.52	8	8.87	7	7.44	11
宿州市	5.50	16	6.15	15	6.77	14
滁州市	5.59	15	7.55	10	7.75	8
池州市	8.94	6	10.20	4	8.94	5
阜阳市	8.07	9	8.77	8	8.89	6
六安市	7.30	10	7.29	11	7.29	12
蚌埠市	8.70	7	8.31	9	7.57	9
淮南市	9.42	5	9.39	6	10.10	4
铜陵市	6.73	12	6.92	12	6.30	15
马鞍山市	11.71	3	11.23	3	11.44	3
淮北市	6.68	13	6.43	14	7.53	10
芜湖市	11.83	2	12.33	2	12.15	2
安庆市	7.00	11	6.77	13	8.35	7
黄山市	9.66	4	9.73	5	7.02	13
亳州市	5.66	14	6.06	16	4.67	16

从金融环境的三级指标评价结果来看,各地市"每十万人金融业从业人员数量"均有所波动,宣城、芜湖、蚌埠、黄山、亳州几地下降明显;各地市"境内上市公司数量"保持稳定,波动较小;各地市金融机构本外币存贷款都呈现逐年上升的态势,其中宿州、亳州增加较为显著,在省内排名上升。

2) 安徽省与长三角其他省份金融环境比较分析

本书统计了2017—2019年安徽省、江苏省、浙江省和上海市金融环境评价得分情况,结果如表2-16所示。可以看出,安徽省金融环境指标评价得分在长三角区域同样相对靠后,与其他省(市)存在一定差距。

表2-16 2017—2019年长三角三省一市金融环境评价得分与排名

省(直辖市)	2017年		2018年		2019年	
	总得分	排名	总得分	排名	总得分	排名
安徽省	22.18	4	23.50	4	24.76	4
江苏省	74.10	1	79.28	1	86.47	1
浙江省	70.55	2	74.25	2	81.30	2
上海市	60.06	3	61.78	3	67.43	3

3) 安徽省重点城市与长三角重要城市金融环境比较分析

本书统计了2017—2019年长三角区域10个重点城市(上海市、南京市、苏州市、无锡市、杭州市、宁波市、温州市、合肥市、芜湖市、马鞍山市)金融环境评价得分情况,结果如表2-17所示。

表2-17 2017—2019年长三角区域重点城市金融环境评价得分与排名

城市	2017年		2018年		2019年	
	总得分	排名	总得分	排名	总得分	排名
上海市	60.06	3	61.78	4	67.43	4
南京市	55.41	4	64.47	3	68.40	3
苏州市	61.16	2	68.84	2	75.34	2
无锡市	46.23	6	48.83	6	51.32	6
杭州市	82.73	1	87.95	1	99.14	1
宁波市	48.12	5	50.27	5	52.86	5
温州市	24.46	8	25.30	8	22.64	8
合肥市	29.95	7	31.23	7	32.24	7
芜湖市	11.83	9	12.33	9	12.15	9
马鞍山市	11.71	10	11.23	10	11.44	10

可以看出,杭州市、苏州市金融环境评价得分稳居前两位,上海市由于作为省

级单位进行数据无量纲化处理后,其得分排名在2018年和2019年位于第四位。由于金融环境是一项受经济和商业发展影响较深的指标,安徽省三个城市的金融环境评价得分并不占优势,与南京市、杭州市、苏州市、宁波市等经济强市存在较大差距。

此外,从三级指标的评价结果来看,安徽省三个重点城市的金融环境相对薄弱,其中,每十万人金融从业人员数量、境内上市公司数量和创业板上市公司数量相对其他省份重点城市存在一定差距,同时,芜湖、马鞍山两地金融机构本外币存款与长三角其他重点城市有显著的差距(图2-6、图2-7)。

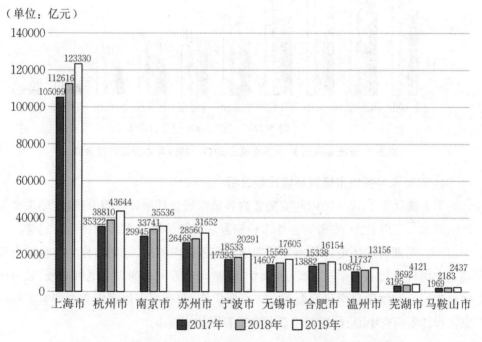

图2-6 长三角区域10大重点城市2017—2019年本外币存款余额

2.2.4.5 研发环境评价分析

研发环境是本书构建的科技创新环境综合评价指标中的重要组成,占有的权重最高,达到27.30%。研发环境由R&D投入占GDP的比重、国家级重点实验室数量、国家工程技术研究中心数量、专利申请数、获得国家级奖励数量、国家级科技企业孵化器数量6个三级指标构成。

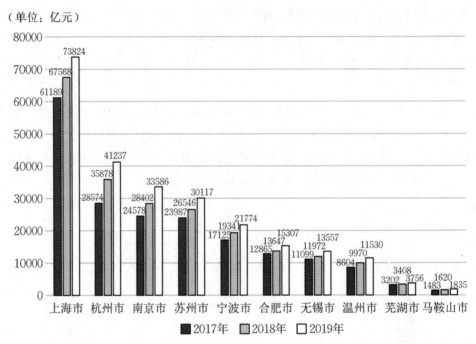

图2-7 长三角区域10大重点城市2017—2019年本外币贷款余额

1)安徽省内各地市研发环境比较分析

本书统计了2017—2019年安徽省内各地市研发环境评价得分情况,结果如表2-18所示。可以看出,安徽省各地市的研发环境评价得分总体保持上升趋势。其中,合肥、芜湖研发环境评价得分长期位于安徽省内前列,合肥市作为省会城市聚集了中国科学技术大学、合肥工业大学、安徽大学等一系列知名老牌高校,以及中国科学院合肥物质科学研究院等重点科研机构,拥有多个国家级重点实验室和国家工程技术研究中心,研发环境显著强于省内其他城市。

表2-18 2017—2019年安徽省各地市研发环境评价得分与排名

城市	2017年		2018年		2019年	
	总得分	排名	总得分	排名	总得分	排名
合肥市	28.21	1	32.80	1	33.14	1
宣城市	3.90	9	4.34	8	3.95	8
宿州市	1.30	16	1.47	16	1.62	15
滁州市	4.92	6	6.74	5	5.20	6
池州市	2.52	13	2.95	13	3.19	11

续表

城市	2017年		2018年		2019年	
	总得分	排名	总得分	排名	总得分	排名
阜阳市	2.20	14	3.21	11	2.58	14
六安市	2.92	10	3.16	12	2.94	12
蚌埠市	5.25	5	8.96	3	6.94	4
淮南市	4.00	7	4.75	6	3.82	9
铜陵市	5.82	4	4.72	7	6.81	5
马鞍山市	8.95	3	8.88	4	9.52	3
淮北市	3.93	8	4.26	9	4.55	7
芜湖市	10.87	2	12.44	2	10.40	2
安庆市	2.67	12	3.32	10	3.29	10
黄山市	2.88	11	2.31	14	2.68	13
亳州市	1.43	15	1.86	15	1.40	16

从具体的三级指标评价结果来看，安徽各地市的R&D投入占GDP的比重基本保持稳定，其中，芜湖、安庆、马鞍山三市研发投入占比逐年提升；各城市专利申请数波动都较为明显。

2）安徽省与长三角其他省份研发环境比较分析

本书统计了2017—2019年安徽省、江苏省、浙江省和上海市研发环境评价得分情况，结果如表2-19所示。可以看出，安徽省的研发环境评价得分在长三角区域相对靠后。

表2-19 2017—2019年长三角三省一市研发环境评价得分与排名

省（直辖市）	2017年		2018年		2019年	
	总得分	排名	总得分	排名	总得分	排名
安徽省	23.48	4	28.14	4	25.78	4
江苏省	87.24	1	87.82	1	89.25	1
浙江省	39.91	3	47.63	3	38.60	3
上海市	69.04	2	71.11	2	75.02	2

3）安徽省重点城市与长三角重要城市研发环境比较分析

本书统计了2017—2019年长三角区域10个重点城市（上海市、南京市、苏州市、无锡市、杭州市、宁波市、温州市、合肥市、芜湖市、马鞍山市）研发环境评价得分情况，结果如表2-20所示。可以看出，南京市、上海市和杭州市连续三年位列前三，合肥市保持在第五位，但与第四位的苏州市差距不大。芜湖市、马鞍山市排名靠后。

表2-20　2017—2019年长三角重点城市研发环境评价得分与排名

城市	2017年		2018年		2019年	
	总得分	排名	总得分	排名	总得分	排名
上海市	69.04	2	71.11	2	75.02	2
南京市	70.28	1	82.00	1	78.09	1
苏州市	31.83	4	33.91	4	36.33	4
无锡市	24.97	6	27.47	6	31.87	6
杭州市	54.03	3	52.04	3	52.34	3
宁波市	18.83	7	20.27	7	20.71	7
温州市	7.44	10	9.24	9	9.49	10
合肥市	28.21	5	32.80	5	33.14	5
芜湖市	10.87	8	12.44	8	10.40	8
马鞍山市	8.95	9	8.88	10	9.52	9

从具体的三级指标来看，合肥市的R&D投入占GDP的比重一直保持略高于3%，相对稳定；合肥市在国家级重点实验室数量和国家工程技术研究中心数量上，仅次于上海、南京和杭州，且与杭州差距较小，但在国家级科技企业孵化器数量上排名相对靠后，在2017年和2018年仅位列第七。2019年。合肥市科技企业孵化器数量显著增加，达到18个，超过宁波，位列长三角重点城市第六位，并与南京、无锡（各20个孵化器）的差距缩小到2个。

2.3　安徽省科技创新环境亮点与短板分析

总体而言，近年来安徽省科技创新环境进步明显，亮点纷呈，尤其是合肥市各项指标评价得分提升明显,但也存在一些短板,如省内各地市科技创新环境两极化现象较为严重。安徽省科技创新环境的具体亮点和短板具体分析如下。

2.3.1 营商环境亮点和短板分析

2.3.1.1 营商环境亮点分析

首先,科技创新所需要的商业活力持续提升。近年来,安徽省经济发展表现可圈可点。2018年社会消费品零售总额增长11%左右,城镇常住居民人均可支配收入增长与经济增长同步,农村常住居民人均可支配收入增长9%左右。2019年社会消费品零售总额增长10.6%,城镇常住居民人均可支配收入增长9%以上,农村常住居民人均可支配收入增长10%以上,增幅均居全国前列。社会消费品零售额的增加和居民人均可支配收入的持续上升促进了商业活力的提升。

其次,科技创新所需要的政府支持不断加强。近年来,安徽省政府一般预算内支出和科技支出占比不断增加,并被国家赋予了打造具有重要影响力的科技创新策源地、新兴产业聚集地和绿色发展样板区的战略使命。安徽省大力实施长三角一体化发展战略,区域发展整体效能不断提升,按照长三角一体化发展国家规划纲要和安徽行动计划,着力扬皖所长,全面推进城乡区域、科创产业、基础设施、生态环境、公共服务、体制机制等领域的一体化,成功举办了长三角地区主要领导座谈会及系列活动,与沪苏浙签署13个合作协议,达成118个合作事项,其中5亿元以上产业类合作项目总投资1189亿元。

2.3.1.2 营商环境短板分析

一方面,安徽省政商关系指数波动较大,全省营商环境整体水平有待进一步优化,实现市场主体愉快创新、创业、发展尚需破除更多体制机制障碍。另一方面,全省经济发展的结构性、体制性、周期性问题仍然存在,相对于长三角的苏沪浙三地,经济不够发达对于营商环境的影响仍然较为明显。

2.3.2 产业环境亮点和短板分析

2.3.2.1 产业环境亮点分析

近年来,安徽省产业结构调整取得积极进展。2018年高新技术产业增加值、战略性新兴产业产值分别增长13.9%和16.3%,战略性新兴产业产值占规模以上工业比重达29.4%。2019年新增高新技术企业1200家以上,战略性新兴产业产值增长14.7%,高技术产业增加值增长18.8%。2019年安徽省启动了"高新基"全产业链项目建设,实施重大新兴产业基地新三年建设规划,启动第四批重大工程、重大专项建设,重点培育量子科技、生物制造、先进核能等未来产业。新能源汽车产量11.8万辆,占全国总产量的10%。"中国声谷"实现营业收入800亿元,增长23%。退出煤炭过剩产能165万吨。实施亿元以上重点技改项目1080项。中安煤化一体化项目建成投产。推广应用工业机器人5100台,新增智能工厂和数字化车间120个,"皖企登云"企业达5100家,传统产业智能化、网络化升级加快,数字经济发展势头良好。新增国家级工业设计中心5个,与现代供应链相衔接的新型服务业不断生成。经过多年的不断努力,安徽省已拥有科大国盾、本源量子、国仪量子、国科量子、中创为量子等主营量子技术企业5家,量子关联企业20多家;相关专利占全国的12.1%,排名仅次于北京,位居全国第二。

2.3.2.2 产业环境短板分析

与长三角地区其他省(市)相比,安徽省中心城市能级和县域经济发展内生动力还不够强,资源型城市转型困难较大,规模以上工业企业数量和主营业务收入都与江苏、浙江差距较大。部分城市产业基础对科技创新的制约相对明显,工业"四基"存在弱项,"总部经济"、头部企业缺乏,现代服务业发展相对滞后,产业链供应链稳定性和竞争力亟待提高。

2.3.3 人才环境亮点和短板分析

2.3.3.1 人才环境亮点分析

近年来,安徽省高校人才和科研人才优势明显且进步显著。安徽省的科技创新人才依托于重点高校和科研机构,在人才环境指标中占据优势,高校和科研机构的研发产出对全省的科技创新环境优化明显,依托于知名高校、研究机构和国家级重点实验室,高校人才和科研人才优势明显且进步显著。2019年安徽省7位科学家当选两院院士,人数为历年最多;8项科技成果获国家科学技术奖,每万人发明专利拥有量11.7件,区域创新能力连续9年稳居全国第一方阵。

随着合肥成为综合性国家科学中心,越来越多的高新企业在安徽设立研发机构。安徽作为教育大省,拥有中国科学技术大学、合肥工业大学、安徽大学等一批重点高校及相关研究机构,为安徽省培养了大量创新型人才。

2.3.3.2 人才环境短板分析

尽管安徽省人才环境有一定的优势,但是知名的大学、科研机构、国家级重点实验室几乎都集中在合肥,人才分布不平衡,也从侧面体现了安徽省大部分城市对人才的吸引力有限,未来在人才留存和吸引上需要下更多功夫,防止本土人才流失。

2.3.4 金融环境亮点和短板分析

2.3.4.1 金融环境亮点分析

近年来,安徽省金融环境有所进步,本外币存贷款余额均逐年上涨。2018年新增贷款4278.8亿元,直接融资5771.6亿元,减轻实体经济负担1303亿元。2019

年安徽省大力推动金融精准服务实体经济,社会融资规模新增7011亿元,小微企业贷款余额增长11%。新增境内外上市公司7家、"新三板"挂牌企业15家,省区域性股权市场挂牌企业增加到5291家,其中新设立科创专板挂牌企业2043家。同时,安徽省深入推进互联网金融风险整治,网贷在营机构数、存量业务规模分别下降90%和87%。同时,安徽省通过压降地方法人金融机构不良资产,稳妥化解持牌金融机构风险、企业重大债务违约风险。此外,安徽省还依法打击非法集资,加强政府隐性债务动态监测,规范政府举债融资机制,政府债务风险继续下降。

2.3.4.2 金融环境短板分析

与长三角其他省(市)相比,安徽省金融环境还存在较大提升空间。综合来看,全省金融和实体经济的良性循环尚未形成,实体经济特别是民营企业和中小微企业融资难、融资贵的问题未能根本缓解。金融业是受经济发展影响较为明显的行业,与长三角其他省(市)相比,安徽省金融业规模和从业人员数量均存在显著差距。

2.3.5 研发环境亮点和短板分析

2.3.5.1 研发环境亮点分析

近年来,安徽省在技术转移和创新载体培育方面进步明显,科技创新实现重大突破,一大批重大源头创新成果不断涌现。例如,2018年度13个科技项目获国家科技奖;聚变堆主机关键系统综合研究设施启动建设;国内首款具有完全自主知识产权的量子计算机控制系统在合肥诞生;全超导托卡马克装置首次实现等离子体电子温度1亿度;业界实际运算性能最高的数字信号处理器——"魂芯二号A"研制成功;世界唯一让机器达到真人说话水平的语音合成系统在科大讯飞实现;中国科学院合肥物质科学研究院研发的特种缓冲吸能材料成功应用于"嫦娥四号"。此外,安徽省新组建"一室一中心"8家,新创建制造业创新中心9家,组织实施"卡脖子"关键核心技术攻关项目13项,开发省级新产品603个;深入实施新时代"江淮英才计划",引进扶持高层次科技人才团队50个。

2.3.5.2 研发环境短板分析

一方面,技术转化机制不健全,科技成果转化效率不高。另一方面,创新动能仍显不足。相对于高校对于科技创新环境的推动作用,安徽省企业界在科技创新水平推动方面贡献不足,从全省范围来看,创新型企业数量和质量较长三角其他省(市)还有不小的差距。

3 区域科技创新能力评价与对比研究

3.1 安徽省区域科技创新现状概述

近年来,安徽高起点定位、高规格谋划创新型省份,持续推进"四个一"创新主平台[①]和"一室一中心"分平台[②]的建设。在原始创新层面,安徽加快推进合肥综合性国家科学中心,聚焦信息、能源、健康、环境四大领域;在技术创新层面,安徽谋划建设合肥滨湖科学城,规划设立国家实验室核心区、大科学装置集中区、教育科研集聚区与产学研与创新成功孵化转化区;在产业创新层面,安徽继续推进合芜蚌国家自主创新示范区建设,通过加大科技投入力度,不断优化创新环境,稳步提升创新产出,使得全省科技事业发展步入了跃升期。《中国区域创新能力评价报告(2019)》显示,2019年安徽区域创新能力稳居中部地区第二位,连续八年处于全国第一方阵。

---

① "四个一"包括"一中心""一城""一区"和"一省"。其中,"一中心"为合肥综合性国家科学中心,"一城"为合肥滨湖科学城,"一区"为合芜蚌国家自主创新示范区,"一省"为系统推进全面创新改革试验省。

② "一室一中心"是指安徽省实验室和安徽省技术创新中心。

3.1.1 科技创新投入方面

科技创新投入大幅增加。R&D人员全时当量不断提高,从2011年的8.11万人年增加至2018年的14.71万人年,增长率高达81.47%,年平均增长率达到10.18%。研发经费投入逐年上升,从2011年的214.64亿元增加至2018年的648.95亿元,增长率高达202.34%,年平均增长率达到25.29%。财政科技支出大幅增加,从2011年的63.82亿元增加至2018年的254.69亿元,年平均增长率达到37.38%。可见安徽省在科技创新投入方面的力度正在逐渐加强。

3.1.2 科技创新环境方面

科技创新环境逐渐优化。教育经费投入稳步上升,从2011年的493.29亿元增加至2018年的986.52亿元,增长率达到99.99%,年平均增长率达到12.50%。同时,在校大学生人数继续保持增长,从2011年的99.13万人增加至2018年的113.91万人,增长率达到14.91%,年平均增长率达到1.86%。

3.1.3 科技创新产出方面

科技创新产出稳步提升,但与强势省份差距明显。长期持续的创新投入积累、创新环境的优化,促使全省创新产出能力明显提升。专利申请数量大幅增长,从2011年的4.86万件增长至2018年的201.74万件,增长率达到327.19%,年平均增长率达到40.90%。科技论文数量保持增长,从2011年的4.38万篇增加至2018年的5.22万篇,增长率达到19.11%,年平均增长率达到2.39%。技术市场成交额一直保持高速增长态势,从2011年的65.03亿元增加至2018年的321.31亿元,增长率达到394.07%,年平均增长率达到49.26%。此外,安徽全省新产品销售收入增长迅速,2011年全省新产品销售收入仅为2779亿元,2018年新产品销售收入则达到9532亿元,接近万亿关口。安徽科技创新产出虽提升明显,与其他科技创新能力强的省份差距明显缩小,但是与排名前三的地区还有较大的差距,科技创新产出也是制约安徽科技创新能力进一步提升的重要因素。

3.1.4 科技创新问题概述

比较过去10年的发展,安徽省在创新领域已实现了跨越式成长。然而,对比全国其他先进省份在创新领域取得的成就,安徽省创新能力还存在显著差距。《中国区域创新能力评价报告(2019)》显示,安徽省在知识获取与创新产出等方面存在明显短板,分别位列全国29位与23位。同时,在长三角区域对比中,安徽省创新能力位列长三角末端,各项创新指标均落后于江苏与浙江等省份;在中部地区对比中,安徽省总体创新能力同样落后于临近省份湖北。在周边创新能力均更具优势的状况下,安徽省还存在较为严重的人才流失问题。另外,随着近年来安徽省一系列科技项目落地,包括合肥成为综合性科学中心,涌现包括"量子""芯片"在内的一批先进科技成果,此时如何更好地推动这些优秀成果转化成为发展的新问题。

3.2 区域科技创新能力评价指标体系构建

3.2.1 评价指标体系设计依据与原则

科技创新的基本内涵决定了其不仅是一个当下的概念,更需要反映潜在支撑长远科技创新的创新基础实力及创新环境,因此需要综合考虑当前科技创新能力和科技创新发展潜力才能准确衡量一个区域的综合科技创新能力。围绕核心研究内容,本书收集整理相关国内外关于科技创新评价的研究文献,同时收集并整理相关国家层面及安徽省层面关于科技创新与经济发展相关政策指导资料,借鉴了相关学术研究成果及公开权威报告,如《全球创新指数》《国家创新指数》《中国区域创新能力评价报告》《区域高质量经济发展评价白皮书》等权威及最新相关评价报告,进一步夯实本研究核心评价指数的合理性和实用性。

区域科技创新能力评价指标体系构建的科学性、系统性、可比性和可操作性等原则直接影响到区域科技创新能力评价的准确和成效。因此,在设计区域科技创新能力评价指标体系时应遵循以下基本原则。

3.2.1.1 科学性原则

设计区域科技创新指标体系时要考虑评价指标各元素及指标结构整体的合理性,从不同侧面设计反映整体功能的指标,并且指标要有较好的可靠性、独立性、代表性、统计性。同时,指标之间应有一定的内在逻辑关系,但不应出现过多的信息包含关系而使指标内涵重叠。

3.2.1.2 系统性原则

区域科技创新能力是一个系统范畴,由技术创新投入、科技创新产出及科技创新环境等多个方面决定。因此,区域科技创新能力评价指标体系须体现出这种系统性,应考虑影响区域科技创新能力的诸多因素,从而全面、系统、客观地反映安徽省各市的区域科技创新能力。

3.2.1.3 可比性原则

指标体系的设计必须充分考虑到各区域之间统计指标的差异,在具体指标选择上必须是各区域共有的指标涵义,统计口径和范围尽可能保持一致,以对研究对象进行统一评价。因此,区域科技创新能力指标体系的建立应该能够满足对不同区域、不同时段之间的区域科技创新能力进行空间区域分布和时间动态变化的比较。

3.2.1.4 可操作性原则

选取的评价指标不仅要符合区域科技创新与经济发展的要求,也要考虑数据的可得性。本书数据主要来源于全国经济普查数据、国家统计年鉴、安徽省及各地市的统计年鉴、官方网站数据库,并且选取的指标考虑了地区特征,具有针对性与代表性。

本书在借鉴国内外相关研究成果的基础上,从科技创新投入、科技创新产出以及科技创新环境三个方面构建科技创新评价指标体系来衡量安徽区域的科技创新能力。

3.2.2 科技创新具体评价指标体系

基于上述评价指标体系设计依据与思路,本书主要围绕科技创新投入、科技创新产出以及科技创新环境等三个方面构建安徽省区域科技创新评价指标体系。

3.2.2.1 科技创新投入

区域创新活动发展的基础在于创新要素投入力度,其中人才使用与资金投入是创新投入的直接体现。在结合相关文献基础上,本书主要从人才与资金两个角度出发,重点选取了四个三级评价指标:R&D人员全时当量、R&D经费支出、引进技术经费支出(高新技术企业科技创新基础)、财政科技支出等。

3.2.2.2 科技创新产出

科技创新产出是区域创新实力的反映,并可以通过产出成果进行体现。因此,为全方位展示地区创新产出,本书重点选取了以下四个产出指标:发明专利申请受理数、技术市场成交额、新产品销售收入与科技论文数。

3.2.2.3 科技创新环境

科技创新环境反映区域创新氛围及创新发展的潜力。基于相关文献,本书认为创新环境包含了教育、投入、人才与机构等多个维度。由此,本研究重点选取了以下四个环境指标:人均教育经费投入、财政科技支出/财政总支出、在校大学生人数、R&D 活动机构数。

基于科技创新投入、科技创新产出与科技创新环境等是三个重点维度,本书最终共选取 12 个三级指标,构建了安徽科技创新评价指标体系,具体如表 3-1 所示。

表3-1 安徽科技创新能力评价指标体系

一级指标	二级指标	三级指标
科技创新能力	科技创新投入	R&D 人员全时当量 R&D 经费支出 引进技术经费支出(高新技术企业科技创新基础) 财政科技支出
	科技创新产出	发明专利申请受理数 技术市场成交额 新产品销售收入 科技论文数
	科技创新环境	人均教育经费支出 财政科技支出/财政总支出 在校大学生人数 R&D 活动机构数

3.2.3 科技创新评价指标权重确定

本书选用层次分析法(Analytical Hierarchy Process,简称 AHP 法)确定各指标权重。层次分析法是美国运筹学家、数学家萨蒂(T. L. Saaty)在 20 世纪 70 年代提出并逐步完善的一种分析多目标、多准则、多因素、复杂系统的定性与定量相结合的系统分析方法。它将决策问题的有关元素分解成目标、准则、方案等层次，在此基础上进行定性分析。

本书编写组经过细致讨论，一致认为评分专家的选择应符合以下条件：

(1) 对安徽科技创新及经济发展有比较深入的了解。

(2) 对研究背景及目的意义有比较深入的了解。

(3) 理解科技创新及经济发展评价体系。

(4) 理解AHP应用方法。

编写组共计发放打分问卷10份，实际回收问卷10份，有效问卷10份。在具体权重的计算上，本书编写组选用Yaahp软件中的群决策专家数据集结方法为各专家排序向量加权几何平均。需要说明的是，本书编写组在不违背评定专家本意的基础上对部分专家的个别判断矩阵进行了局部的调整，调整后的判断矩阵全部通过了一致性检验。最终，经Yaahp软件计算得到各指标权重分布，具体如表3-2所示。

表3-2 科技创新指标评价权重

一级指标	二级指标	二级指标权重	三级指标	三级指标权重
科技创新能力	科技创新投入	22.30%	R&D人员全时当量	6.39%
			R&D经费支出	7.12%
			引进技术经费支出	3.25%
			财政科技支出	5.54%
	科技创新产出	41.36%	发明专利申请受理数	4.34%
			技术市场成交额	17.62%
			新产品销售收入	14.46%
			科技论文数	4.94%
	科技创新环境	36.34%	人均教育经费支出	5.46%
			财政科技支出/财政总支出	10.42%
			在校大学生人数	7.35%
			R&D活动机构数	13.11%

3.3 区域科技创新能力分维度比较研究

3.3.1 数据来源与处理方法

本书主要选取了第三次、第四次全国(安徽)经济普查数据,2011—2018年安徽省及安徽省16个地市的科技创新指标数据。其中安徽省级科技创新数据主要收集于安徽省2012—2019年统计年鉴,安徽省16个地市科技创新数据主要收集于安徽省2012—2019年统计年鉴以及各地市2012—2019年统计年鉴。

针对所有收集的数据,本书首先按照指标类别分析进行描述性统计,比较了安徽省各地市科技创新指标分布情况,并计算了各指标均值,判断各地市的科技创新层次。其次,本书基于收集的所有客观指标数据,利用AHP方法对各地市科技创新评价指数进行排序。为避免各数据指标之间计量单位不一致所造成的影响,本书对所有指标数据进行极差标准化处理,计算公式如下:

$$正向指标:A_{ij} = \frac{A_{ij} - \min A_{ij}}{\max A_{ij} - \min A_{ij}}$$

$$反向指标:A_{ij} = \frac{\max A_{ij} - A_{ij}}{\max A_{ij} - \min A_{ij}}$$

3.3.2 安徽区域科技创新投入

本书统计了2011年、2014年与2018年等三个时间段安徽省区域科技创新投入状况。通过描述性统计分析可以看出,安徽省各地市的R&D人员全时当量(表3-3)、R&D经费支出(表3-4)、财政科技支出(表3-5)总体保持上升趋势,而引进技术经费支出(表3-6)总体保持下降趋势。

表3-3 R&D人员全时当量

(单位:人年)

地区	2011年		2014年		2018年	
	实值	标准化	实值	标准化	实值	标准化
合肥	31392	1.000	47355	1.000	54974	1.000
六安	1691	0.049	2079	0.025	3412	0.029
滁州	3556	0.109	7563	0.143	10667	0.165
安庆	2155	0.064	4478	0.076	5497	0.068
宿州	755	0.019	1401	0.010	2226	0.006
淮北	3829	0.117	5514	0.099	3822	0.036
蚌埠	4881	0.151	9384	0.182	11504	0.181
阜阳	1553	0.045	2488	0.033	3796	0.036
淮南	4311	0.133	7098	0.133	3732	0.035
亳州	883	0.023	940	0.000	2558	0.013
宣城	1897	0.056	5041	0.088	7336	0.103
池州	162	0.000	1041	0.002	2036	0.003
黄山	719	0.018	2521	0.034	1894	0.000
马鞍山	3829	0.117	7975	0.152	9276	0.139
芜湖	10093	0.318	17104	0.348	17743	0.299
铜陵	3434	0.105	6213	0.114	4961	0.058

表3-4 R&D经费支出

(单位:万元)

地区	2011年		2014年		2018年	
	实值	标准化	实值	标准化	实值	标准化
合肥	782592	1.000	1603362	1.000	2566521	1.000
六安	33528	0.021	68030	0.021	129502	0.028
滁州	91465	0.096	203925	0.108	421320	0.145
安庆	49468	0.041	94813	0.038	203682	0.058
宿州	17744	0.000	38165	0.002	87991	0.012
淮北	80094	0.082	91357	0.036	136454	0.031
蚌埠	97093	0.104	234059	0.127	459611	0.160

续表

地区	2011年		2014年		2018年	
	实值	标准化	实值	标准化	实值	标准化
阜阳	29864	0.016	60364	0.016	179797	0.048
淮南	71669	0.071	160357	0.080	152446	0.038
亳州	18326	0.001	34546	0.000	82417	0.010
宣城	56611	0.051	114303	0.051	232381	0.069
池州	18158	0.001	38732	0.003	73254	0.006
黄山	24104	0.008	44749	0.007	58156	0.000
马鞍山	203070	0.242	329918	0.188	487457	0.171
芜湖	330319	0.409	611848	0.368	984942	0.369
铜陵	122240	0.137	207541	0.110	233610	0.070

表3-5 财政科技支出

(单位:万元)

地区	2011年		2014年		2018年	
	实值	标准化	实值	标准化	实值	标准化
合肥	190348	1.000	290529	0.841	919741	1.000
六安	14172	0.030	31524	0.052	107316	0.106
滁州	17422	0.048	46685	0.098	109182	0.108
安庆	34719	0.143	31902	0.053	105295	0.104
宿州	10299	0.009	22436	0.024	45939	0.039
淮北	11648	0.016	16653	0.007	10674	0.000
蚌埠	45090	0.200	76245	0.188	106434	0.105
阜阳	13133	0.025	16927	0.008	50120	0.043
淮南	20076	0.063	23349	0.027	41055	0.033
亳州	8664	0.000	14418	0.000	52169	0.046
宣城	42518	0.186	76879	0.190	139447	0.142
池州	10150	0.008	17075	0.008	25808	0.017
黄山	21190	0.069	35777	0.065	58540	0.053
马鞍山	34956	0.145	57483	0.131	116137	0.116
芜湖	145933	0.756	342871	1.000	598199	0.646
铜陵	17938	0.051	73924	0.181	60856	0.055

表 3-6 引进技术经费支出

(单位:万元)

地区	2011年		2014年		2018年	
	实值	标准化	实值	标准化	实值	标准化
合肥	48590	1.000	25525	1.000	9868	1.000
六安	7746	0.159	3258	0.128	229	0.023
滁州	7729	0.159	1370	0.054	41	0.004
安庆	8235	0.169	5551	0.217	1115	0.113
宿州	556	0.011	859	0.034	133	0.013
淮北	220	0.005	0	0.000	15	0.002
蚌埠	20	0.000	468	0.018	33	0.003
阜阳	0	0.000	7421	0.291	117	0.012
淮南	0	0.000	6624	0.260	0	0.000
亳州	170	0.003	537	0.021	0	0.000
宣城	106	0.002	437	0.017	206	0.021
池州	0	0.000	266	0.010	12	0.001
黄山	7	0.000	102	0.004	35	0.004
马鞍山	5354	0.110	4882	0.191	3635	0.368
芜湖	19525	0.402	11750	0.460	2847	0.289
铜陵	8287	0.171	2731	0.107	301	0.031

比较"R&D人员全时当量"数据可以看出,合肥的R&D人员全时当量长期领跑安徽省各地市,并占全省比重达35%以上;同时,近年来,滁州、宣城、安庆等三地市在全省对比中实现明显上升;另外,淮南、淮北在三个时间段比较中却出现下滑。总体而言,安徽省各地市R&D人员全时当量投入不均衡,众多地市长期增长不明显。

比较"R&D经费支出"可以看出,安徽省各地市R&D经费支出差距明显,2018年,仅有合肥、马鞍山、芜湖、蚌埠等4个地市高于全省平均水平。同时,从增速上来看,仅有合肥、马鞍山、芜湖、蚌埠、宣城、安庆等6个地市近年来增长最为明显。

比较"引进技术经费支出"可以看出,合肥是全省国外技术引进金额重点区域,占据全省国外技术引进金额的半数以上。但总体而言,安徽省各地市国外技术引进金额均保持下降趋势,且有半数地市在国外技术引进金融上处于较低水平,仅有合肥、芜湖、马鞍山等3个地市保持在较高水平。

比较"财政科技支出"可以看出,2011年、2014年与2018年安徽省各地市平均财政科技支出整体保持快速上升趋势。同时,对比各地市财经科技支出,大部分地市均保持增长趋势,其中,合肥、芜湖等地市增长最为明显,且合肥近五年增长规模最大。但总体而言,安徽省各地市财政科技支出差距较大,截至2018年,合肥市财政科技支出占比就达36.11%。

在上述基本数据分析的基础上,本书引入科技创新投入三级指标权重,分别计算2011年、2014年与2018年安徽省各地市"科技创新投入"评价指数,并排名。从表3-7可知,合肥、芜湖、马鞍山、蚌埠长期位于安徽省科技创新投入的前列,而池州、黄山、宿州等地市则相对排名靠后,如表3-7所示。

表3-7 2011年、2014年、2018年安徽省各地市科技创新投入评价指数与排名

地区	2011年		2014年		2018年	
	评价指数	排名	评价指数	排名	评价指数	排名
合肥	1.000	1	0.961	1	1.000	1
六安	0.051	11	0.045	11	0.047	9
滁州	0.097	6	0.108	6	0.121	5
安庆	0.092	7	0.079	9	0.080	7
宿州	0.009	14	0.015	14	0.017	14
淮北	0.064	10	0.042	12	0.021	12
蚌埠	0.126	4	0.142	4	0.130	4
阜阳	0.024	13	0.059	10	0.038	10
淮南	0.076	9	0.108	6	0.030	11
亳州	0.007	15	0.003	16	0.018	13
宣城	0.079	8	0.091	8	0.090	6
池州	0.002	16	0.005	15	0.007	16
黄山	0.025	12	0.029	13	0.014	15
马鞍山	0.163	3	0.164	3	0.177	3
芜湖	0.468	2	0.533	2	0.406	2
铜陵	0.111	5	0.128	5	0.057	8

从具体指标来看:合肥的R&D人员全时当量长期领跑安徽省各地市,并占全省比重达35%以上,其他各地市R&D人员全时当量投入不均衡,众多地市长期增长不明显。安徽省各地市R&D经费支出差距明显,2018年,仅有合肥、马鞍山、芜湖、蚌埠等4个地市高于全省平均水平。国外技术引进金额均保持下降趋势,且有半数地市在国外技术引进经费上处于较低水平,仅有合肥、芜湖、马鞍山等3个地市保持在较高水平。从"财政科技支出"可以看出,2011年、2014年与2018年安徽省各地市平均财政科技支出整体保持快速上升趋势,但差距依然明显。

3.3.3 安徽区域科技创新产出

本书统计了2011年、2014年与2018年等三个时间段安徽省区域科技创新产出状况。通过描述性统计分析可以看出,安徽省各地市的发明专利申请受理数(表3-8)、技术市场成交额(表3-9)、新产品销售收入(表3-10)以及科技论文数(表3-11)总体保持上升趋势。

表3-8 发明专利申请受理数

(单位:件)

地区	2011年		2014年		2018年	
	实值	标准化	实值	标准化	实值	标准化
合肥	3619	1.000	12929	1.000	32831	1.000
六安	226	0.000	1104	0.017	2801	0.020
滁州	427	0.059	4403	0.291	7193	0.164
安庆	914	0.203	5481	0.381	9507	0.239
宿州	835	0.179	2916	0.168	3996	0.059
淮北	874	0.191	2661	0.147	4827	0.087
蚌埠	1250	0.302	4408	0.292	4997	0.092
阜阳	1787	0.460	4331	0.285	13065	0.355
淮南	337	0.033	898	0.000	2550	0.012
亳州	979	0.222	1727	0.069	6154	0.130
宣城	2693	0.727	5757	0.404	7213	0.164
池州	1048	0.242	2756	0.154	4617	0.080

续表

地区	2011年 实值	2011年 标准化	2014年 实值	2014年 标准化	2018年 实值	2018年 标准化
黄山	583	0.105	1059	0.013	2185	0.000
马鞍山	493	0.079	3089	0.182	6175	0.131
芜湖	2467	0.660	9346	0.702	25340	0.756
铜陵	438	0.062	1378	0.040	2173	0.000

表3-9 技术市场成交额

(单位:万元)

地区	2011年 实值	2011年 标准化	2014年 实值	2014年 标准化	2018年 实值	2018年 标准化
合肥	334200	1.000	893800	1.000	1655700	1.000
六安	0	0.000	0	0.000	5500	0.003
滁州	10000	0.030	11166	0.012	63082	0.038
安庆	3057	0.009	7802	0.009	23500	0.014
宿州	200	0.001	1979	0.002	300	0.000
淮北	6184	0.019	46936	0.053	31716	0.019
蚌埠	77876.38	0.233	157233	0.176	235442	0.142
阜阳	540	0.002	7335	0.008	24400	0.015
淮南	23840	0.071	36891.08	0.041	60847	0.037
亳州	1420	0.004	2347	0.003	10200	0.006
宣城	800	0.002	1350	0.002	17058.8	0.010
池州	1295	0.004	3270.2	0.004	8218.8	0.005
黄山	3000	0.009	4728	0.005	4003.95	0.002
马鞍山	32868	0.098	100358.09	0.112	125245.98	0.075
芜湖	20000	0.060	369734.41	0.414	643921	0.389
铜陵	0	0.000	0	0.000	40100	0.024

表3-10 新产品销售收入

(单位:万元)

地区	2011年		2014年		2018年	
	实值	标准化	实值	标准化	实值	标准化
合肥	10428063	1.000	16325355.6	1.000	30960105	1.000
六安	979026	0.086	1101772	0.049	1874664	0.036
滁州	1365983	0.124	6147633	0.364	10392742	0.318
安庆	823126	0.071	1907132	0.099	4418530	0.120
宿州	214284	0.012	471626	0.009	916942	0.004
淮北	309093	0.021	712008	0.024	3052154	0.075
蚌埠	746182	0.064	2876264	0.159	3541451	0.091
阜阳	269344	0.018	1018508	0.043	4522939	0.124
淮南	106570	0.002	324363	0.000	797685	0.000
亳州	201769	0.011	405785	0.005	1204967	0.014
宣城	701141	0.059	1392650	0.067	3151158	0.078
池州	87865	0.000	519308	0.012	1198376	0.013
黄山	92444	0.000	394049	0.004	927521	0.004
马鞍山	2743195	0.257	3014269	0.168	5648257	0.161
芜湖	5989964	0.571	9886491	0.598	14592657	0.457
铜陵	2734471	0.256	6311595	0.374	8123701	0.243

表3-11 科技论文数

(单位:篇)

地区	2011年		2014年		2018年	
	实值	标准化	实值	标准化	实值	标准化
合肥	22872	1.000	28592	1.000	30800	1.000
六安	1274	0.050	1382	0.046	750	0.020
滁州	1331	0.052	2137	0.072	1938	0.059
安庆	1087	0.041	1404	0.047	1341	0.039
宿州	763	0.027	787	0.025	927	0.026
淮北	1710	0.069	1228	0.040	1259	0.037
蚌埠	3464	0.146	3588	0.123	4248	0.134

续表

地区	2011年		2014年		2018年	
	实值	标准化	实值	标准化	实值	标准化
阜阳	892	0.033	1439	0.048	1479	0.044
淮南	2723	0.113	3099	0.106	1363	0.040
亳州	255	0.005	385	0.011	437	0.010
宣城	144	0.000	74	0.000	135	0.000
池州	400	0.011	409	0.012	440	0.010
黄山	455	0.014	595	0.018	393	0.008
马鞍山	1803	0.073	1893	0.064	1547	0.046
芜湖	3436	0.145	3875	0.133	4269	0.135
铜陵	640	0.022	819	0.026	859	0.024

比较"发明专利申请受理数"可以看出，合肥长期领跑安徽省各地市发明专利申请受理数，且与其他地市差距明显；六安、芜湖等两地市在全省对比中有一定上升；另外，宿州、淮北、蚌埠、阜阳、淮南、亳州、宣城、池州等8地市，在三个时间段比较中名次下滑明显。但总体而言，安徽省各地市发明专利申请受理数分布较不均衡，众多地市长期增长较明显。

比较"技术市场成交额"可以看出，安徽省各地市技术市场成交额呈现逐年增长的趋势，但同时各地市水平也差距明显，长期以来，仅有合肥、马鞍山、芜湖、蚌埠等4个地市技术成交量相对较高，并且4个地区合计占比达90%左右；同时，芜湖增长幅度最为明显，2011年其占比仅为3.88%，而2018年占比则高达21.83%。

比较"新产品销售收入"可以看出。除了宿州、淮北、黄山等3个地市在三阶段出现过下降趋势，其他各地市在三阶段的新产品销售收入均呈现上升趋势。其中，合肥有多家国家级企业技术中心，推动企业创新能力提升，贡献全省六成左右的新产品销售收入。

比较"科技论文数"可以看出，安徽省超过一半的地市保持持续增长态势，其中，合肥等地市增长数量最为明显。

在上述数据分析的基础上，本书引入科技创新产出三级指标权重，分别计算2011年、2014年与2018年安徽省各地市"科技创新产出"评价指数，并排名。从表3-12可知，合肥、芜湖、蚌埠、马鞍山长期位于安徽省科技创新产出的前列，同时滁州科技创新产出增长明显，2018年已位列全省第3位。然而，池州、宿州与黄山排名则长期相对靠后。

表3-12 2011年、2014年、2018年安徽省各地市科技创新产出评价指数与排名

地区	2011年		2014年		2018年	
	评价指数	排名	评价指数	排名	评价指数	排名
合肥	1.000	1	1.000	1	1.000	1
六安	0.036	12	0.024	13	0.018	13
滁州	0.068	7	0.172	4	0.152	3
安庆	0.055	9	0.084	7	0.078	8
宿州	0.027	15	0.025	12	0.011	15
淮北	0.044	11	0.051	10	0.048	10
蚌埠	0.171	3	0.176	3	0.118	4
阜阳	0.059	8	0.054	9	0.092	7
淮南	0.048	10	0.030	11	0.022	11
亳州	0.030	13	0.011	15	0.022	11
宣城	0.098	6	0.066	8	0.049	9
池州	0.028	14	0.023	14	0.016	14
黄山	0.017	16	0.007	16	0.004	16
马鞍山	0.149	4	0.133	6	0.108	5
芜湖	0.312	2	0.475	2	0.421	2
铜陵	0.099	5	0.138	5	0.098	6

从具体指标来看：比较"发明专利申请受理数"可以看出，合肥长期领跑安徽省各地市发明专利申请受理数，且与其他地市差距明显；但总体而言，安徽省各地市发明专利申请受理数分布较不均衡，众多地市长期增长较明显；安徽省各地市技术市场成交额呈现逐年增长的趋势，但同时各地市水平也差距明显，长期以来，仅有合肥、马鞍山、芜湖、蚌埠等4个地市技术成交量相对较高，并且4个地区合计额占全省总额的90%左右；比较"新产品销售收入"可以看出，除了宿州、淮北、黄山等3个地市在三个时间段出现过下降趋势，其他各地市在三阶段的新产品销售收入均呈现上升趋势。比较"科技论文数"可以看出，安徽省超过一半的地市保持持续增长态势，其中，合肥等地市增长数量最为明显。

3.3.4 安徽区域科技创新环境

本书统计了2011年、2014年与2018年等三个时间段安徽省区域科技创新环境状况。通过描述性统计分析可以看出,安徽省各地市的教育经费支出(表3-13)、财政科技支出/财政总支出(表3-14)、在校大学生人数(表3-15)以及有R&D活动机构数(表3-16)整体保持稳定增长态势。

表3-13 教育经费支出

(单位:万元)

地区	2011年		2014年		2018年	
	实值	标准化	实值	标准化	实值	标准化
合肥	671066	1.000	1087882	1.000	1635053	1.000
六安	458629	0.640	622111	0.508	773186	0.399
滁州	296976	0.366	423699	0.299	716030	0.359
安庆	496390	0.704	580668	0.464	780425	0.404
宿州	403972	0.548	450628	0.327	752556	0.385
淮北	167983	0.148	175319	0.037	294864	0.066
蚌埠	249768	0.286	354791	0.226	521270	0.224
阜阳	473487	0.665	650115	0.538	1068215	0.605
淮南	195931	0.195	198921	0.061	454734	0.177
亳州	296119	0.365	368394	0.240	641005	0.307
宣城	285675	0.347	332521	0.202	428450	0.159
池州	143217	0.106	179691	0.041	220244	0.014
黄山	106105	0.043	140731	0.000	200360	0.000
马鞍山	250134	0.287	266454	0.133	372347	0.120
芜湖	356648	0.467	508965	0.389	743925	0.379
铜陵	80797	0.000	147545	0.007	262501	0.043

表3-14 财政科技支出/财政总支出

地区	2011年		2014年		2018年	
	实值	标准化	实值	标准化	实值	标准化
合肥	4.01%	0.616	4.16%	0.391	9.15%	0.684
六安	0.68%	0.012	0.98%	0.053	2.60%	0.157
滁州	0.95%	0.062	1.74%	0.134	2.70%	0.166
安庆	1.62%	0.182	1.07%	0.062	2.51%	0.150
宿州	0.66%	0.008	0.91%	0.045	1.16%	0.042
淮北	1.33%	0.131	1.44%	0.102	0.64%	0.000
蚌埠	3.19%	0.468	3.66%	0.337	3.60%	0.238
阜阳	0.61%	−0.001	0.48%	0.000	0.87%	0.019
淮南	1.83%	0.221	1.60%	0.119	1.67%	0.083
亳州	0.63%	0.003	0.63%	0.016	1.52%	0.071
宣城	2.99%	0.431	3.46%	0.316	4.82%	0.336
池州	1.15%	0.098	1.23%	0.080	1.67%	0.083
黄山	2.20%	0.288	2.39%	0.203	3.15%	0.202
马鞍山	2.53%	0.347	3.15%	0.284	5.13%	0.360
芜湖	6.13%	0.999	9.89%	1.000	13.09%	1.000
铜陵	2.54%	0.349	7.02%	0.695	3.94%	0.265

表3-15 在校大学生人数

(单位:人)

地区	2011年		2014年		2018年	
	实值	标准化	实值	标准化	实值	标准化
合肥	409507	1.000	462614	1.000	497131	1.000
六安	37473	0.078	41229	0.078	36300	0.059
滁州	42178	0.090	46548	0.089	53418	0.094
安庆	38373	0.080	41794	0.079	37413	0.062
宿州	22630	0.041	19887	0.031	25102	0.037
淮北	34107	0.070	35749	0.066	38717	0.064
蚌埠	60886	0.136	61033	0.121	61614	0.111
阜阳	35650	0.073	34840	0.064	36823	0.060

续表

地区	2011年		2014年		2018年	
	实值	标准化	实值	标准化	实值	标准化
淮南	63594	0.143	64365	0.128	59775	0.107
亳州	10776	0.012	11932	0.014	13035	0.012
宣城	6039	0.000	5726	0.000	7180	0.000
池州	20292	0.035	21024	0.033	26115	0.039
黄山	16350	0.026	20952	0.033	22630	0.032
马鞍山	46009	0.099	52426	0.102	56125	0.100
芜湖	119024	0.280	126455	0.264	133672	0.258
铜陵	28379	0.055	33971	0.062	34062	0.055

表3-16 R&D活动机构数

(单位:个)

地区	2011年		2014年		2018年	
	实值	标准化	实值	标准化	实值	标准化
合肥	727	1.000	1005	1.000	1458	1.000
六安	61	0.038	180	0.114	178	0.068
滁州	178	0.207	430	0.382	668	0.425
安庆	96	0.088	303	0.246	503	0.304
宿州	55	0.029	115	0.044	136	0.037
淮北	90	0.079	84	0.011	85	0.000
蚌埠	126	0.132	368	0.316	478	0.286
阜阳	49	0.020	118	0.047	528	0.323
淮南	56	0.030	124	0.054	94	0.007
亳州	35	0.000	74	0.000	157	0.052
宣城	77	0.061	259	0.199	380	0.215
池州	36	0.001	117	0.046	101	0.012
黄山	68	0.048	116	0.045	167	0.060
马鞍山	86	0.074	255	0.194	597	0.373
芜湖	286	0.363	466	0.421	465	0.277
铜陵	58	0.033	79	0.005	186	0.074

比较"教育经费支出"可以看出,2011—2018年,各地市教育经费投入显著增加。其中,合肥、六安、安庆、宿州、阜阳、芜湖、滁州、亳州等8个地市教育经费投入总量保持领先。同时,比较三年"教育经费投入"的标准化数据与排名可知,合肥长期领跑安徽省各地市教育经费投入,且与其他地市差距显著;仅有铜陵一个地市在全省对比中有一定上升;另外,六安、安庆、蚌埠、宣城、池州、马鞍山、芜湖等7个地市在全省对比中名次下降。但总体而言,安徽省各地市教育经费投入相对均衡,众多地市长期增长明显。

比较"财政科技支出/财政总支出"可以看出,2011—2018年,安徽省大部分地市财政科技支出比例都显著提升,其中,芜湖和合肥两市的投入占比最高,分别为13.09%和9.15%。然而,也有部分地市支出比例较低或降低,比如2018年淮北、阜阳的财政科技支出比例不足1%。

比较"在校大学生人数"可以看出,合肥拥有最多的在校大学生数量,截至2018年,合肥在校大学生人数占全省在校大学生人数比例达43.64%。其次,芜湖市在校大学生人数也相对较多,占比达11.73%。其余地市在校大学生人数占比相对较低。

比较"R&D活动机构数"可以看出,近年来,大部分地市R&D活动机构数均保持增长趋势。其中,合肥市R&D活动机构数长期保持领先,2018年占全省比例达23.59%;同时,滁州R&D活动机构数近年来增长最为明显,2018年甚至超过芜湖,数量达688家,占全省R&D活动机构数比例为10.81%。

在上述数据分析的基础上,本书引入科技创新环境三级指标权重,分别计算2011年、2014年与2018年安徽省各地市"科技创新环境"评价指数,并排名。从表3-17中可知,合肥、芜湖、蚌埠长期位于安徽省科技创新环境的前列,同时,近年来马鞍山、滁州在科技创新环境上持续改善,排名上升明显。

从具体指标来看:比较"教育经费支出"可以看出,2011—2018年,各地市教育经费投入显著增加。其中,合肥、六安、安庆、宿州、阜阳、芜湖、滁州、亳州等8个地市教育经费投入总量保持领先。但总体而言,安徽省各地市教育经费投入相对均衡,众多地市长期增长明显;2011—2018年,安徽省大部分地市财政科技支出/财政总支出都有显著提升,其中,芜湖和合肥两市的投入占比最高,分别为13.09%和9.15%;比较"在校大学生人数"可以看出,合肥拥有最多的在校大学生数量,其次,芜湖市在校大学生也相对较多,其余地市在校大学生数量相对较少;近年来,大部分地市有R&D活动机构数均保持增长趋势。其中,合肥市有R&D活动机构数长期保持领先;同时,滁州有R&D活动机构数近年来增长最为明显,2018年甚至超过芜湖,占比为10.81%。

表3-17 2011年、2014年、2018年安徽省各地市科技创新环境评价指数与排名

地区	2011年		2014年		2018年	
	评价指数	排名	评价指数	排名	评价指数	排名
合肥	0.890	1	0.825	1	0.909	1
六安	0.129	9	0.148	9	0.142	9
滁州	0.165	7	0.239	4	0.274	4
安庆	0.206	4	0.192	7	0.226	6
宿州	0.103	13	0.084	12	0.091	11
淮北	0.103	13	0.052	15	0.023	16
蚌埠	0.252	3	0.269	3	0.227	5
阜阳	0.122	11	0.111	10	0.225	7
淮南	0.133	8	0.089	11	0.075	14
亳州	0.058	15	0.043	16	0.088	12
宣城	0.198	5	0.193	6	0.198	8
池州	0.052	16	0.053	14	0.038	15
黄山	0.112	12	0.081	13	0.086	13
马鞍山	0.189	6	0.192	7	0.276	3
芜湖	0.544	2	0.551	2	0.496	2
铜陵	0.123	10	0.215	5	0.120	10

3.3.5 安徽区域科技创新能力排名

在科技创新投入、科技创新产出与科技创新环境的评价指数基础上,代入科技创新能力二级指标权重,分别计算2011年、2014年与2018年安徽省各地市"科技创新能力"评价指数,并将计算结果汇总至表3-18中。

可以看出,近10年来,安徽省内科技创新能力格局总体保持稳定,且梯队化明显。首先,合肥与芜湖是一直安徽省科技创新的标杆,各项创新指标均远远领先于省内其他地市。其次,滁州、马鞍山、蚌埠、安庆、阜阳、宣城等地市正逐步成为安徽科技创新能力的中坚力量,相关创新能力指标处于省内前列。特别是滁州市的科

技创新能力建设成绩显著,近年来科技创新投入、产出与环境等三项指标均实现快速增长。此外,其他地市创新能力排名都处于相对较低水平,且在各评价维度上均具有明显短板,比如淮北、淮南、亳州、池州、黄山等地市在科技创新投入、产出与环境等维度上均表现较弱。

表3-18 2011年、2014年、2018年安徽省各地市科技创新能力评价指数与排名

地区	2011年		2014年		2018年	
	评价指数	排名	评价指数	排名	评价指数	排名
合肥	0.960	1	0.928	1	0.967	1
六安	0.073	11	0.074	10	0.070	10
滁州	0.110	7	0.182	4	0.189	3
安庆	0.118	6	0.122	7	0.132	6
宿州	0.051	14	0.044	13	0.041	13
淮北	0.070	12	0.049	12	0.033	15
蚌埠	0.190	3	0.202	3	0.160	5
阜阳	0.074	10	0.076	9	0.128	7
淮南	0.085	9	0.069	11	0.043	12
亳州	0.035	15	0.021	16	0.045	11
宣城	0.130	5	0.118	8	0.112	8
池州	0.031	16	0.030	15	0.022	16
黄山	0.053	13	0.039	14	0.036	14
马鞍山	0.167	4	0.162	6	0.184	4
芜湖	0.431	2	0.515	2	0.445	2
铜陵	0.110	7	0.164	5	0.097	9

3.4 区域科技创新能力位势与立体比较研究

本书编写组在借鉴国内外相关研究成果的基础上,从科技创新投入、科技创新

产出以及科技创新环境三个方面构建科技创新评价指标体系来衡量安徽区域的科技创新能力。按照上述科技创新能力评价指标体系,以第三次全国经济普查(2013年)及第四次全国经济普查(2018年)为时间点,分别搜集整理了全国31个省市区的各项科技创新能力评价指标,数据来源于《中国统计年鉴》《中国科技统计年鉴》以及经济普查数据,计算得出全国各个省份科技创新能力的综合实力情况和变化情况,并进一步对科技创新三个分维度指数及细化指标进行横向和纵向的分析,以便于全面掌握安徽科技创新能力在全国的位置,并找出自身优势与薄弱之处,最后根据数据分析情况,提出可行的政策建议,供相关部门单位参考。

3.4.1 安徽在全国科技创新中的位势分析

安徽科技创新综合能力由2013年的全国排名第10位(表3-19)跃升为2018年的第8位(表3-20),稳居中部六省第2位的位置,在长三角地区暂列第4位。经过五年的发展,安徽科技创新能力提升明显,与其他科技创新能力强的省份差距明显缩小,但是与排名前三的地区还有较大的差距,详细情况如下。

表3-19 2013年全国各地区科技创新评价指数与排名

地区	科技投入指数	排名	科技产出指数	排名	科技环境指数	排名	科技创新综合指数	排名
北京	14.21	3	26.31	1	23.71	2	22.67	2
天津	5.15	11	7.12	8	18.39	5	10.78	7
河北	3.38	16	2.98	17	3.93	27	3.41	18
山西	2.52	18	1.49	23	6.65	13	3.59	17
内蒙古	2.25	19	0.84	25	4.45	25	2.47	24
辽宁	5.44	8	5.64	11	8.76	8	6.73	9
吉林	1.73	23	1.56	21	6.25	14	3.30	19
黑龙江	2.21	20	2.22	18	4.52	24	3.06	21
上海	13.18	4	11.99	6	20.02	4	15.17	5
江苏	20.28	2	24.67	2	24.36	1	23.58	1
浙江	11.41	6	15.31	4	22.19	3	16.94	4
安徽	5.33	9	5.54	12	8.65	9	6.62	10

续表

地区	科技投入指数	排名	科技产出指数	排名	科技环境指数	排名	科技创新综合指数	排名
福建	5.00	12	3.73	15	8.60	10	5.78	12
江西	1.96	21	1.91	19	5.69	19	3.29	17
山东	12.61	5	14.12	5	10.24	7	12.37	6
河南	5.19	10	4.80	13	5.70	18	5.21	14
湖北	5.60	7	7.66	7	7.99	11	7.32	8
湖南	3.83	14	6.04	9	5.33	21	5.29	13
广东	21.32	1	20.07	3	16.31	6	18.98	3
广西	1.84	22	1.60	20	4.69	23	2.78	22
海南	0.30	29	0.20	29	5.73	26	2.23	25
重庆	3.22	17	3.50	16	6.13	15	4.39	16
四川	4.51	13	4.58	14	4.25	26	4.44	15
贵州	1.00	27	0.61	26	3.29	29	1.67	30
云南	1.41	24	0.95	24	3.27	30	1.89	29
西藏	0.00	31	0.00	31	6.08	16	2.21	27
陕西	3.46	15	6.02	10	7.79	12	6.09	11
甘肃	1.05	26	1.55	22	3.70	28	2.22	26
青海	0.17	30	0.19	30	2.86	31	1.16	31
宁夏	0.30	28	0.26	28	4.76	22	1.90	28
新疆	1.09	25	0.44	27	5.67	20	2.49	23

2013年全国科技创新能力综合排名前10位的地区分别是：江苏、北京、广东、浙江、上海、山东、天津、湖北、辽宁与安徽。虽然安徽在科技创新上进入了第一梯队，但是与其他省份差距明显，特别是与江苏、北京、广东三地相比。在科技创新的各个维度指数上：科技创新投入方面，安徽得分5.33分，排名第9位，分别落后排名前3位广东、江苏、北京15.99分、14.95分、8.88分；在科技创新产出方面，安徽得分5.54分，排名第12位，分别落后排名前3位北京、江苏、广东20.77分、19.13分、14.53分；在科技创新环境方面，安徽得分8.65分，排名第9位，分别落后排名前3位江苏、北京、浙江15.71分、15.06分、13.54分；可见2013年安徽在科技创新核心指标维度，即科技创新产出方面发展较弱，差距较为明显。

表3-20 2018年全国各省科技创新评价指数与排名

地区	科技投入指数	排名	科技产出指数	排名	科技环境指数	排名	科技创新综合指数	排名
北京	9.88	4	25.22	2	20.44	4	20.07	3
天津	2.77	13	5.28	12	12.71	6	7.42	9
河北	2.61	15	3.77	15	4.52	22	3.78	18
山西	1.16	20	1.68	21	4.12	24	2.45	22
内蒙古	0.69	25	0.62	26	2.31	31	1.25	30
辽宁	2.51	16	4.84	13	5.48	20	4.55	17
吉林	0.77	24	2.54	19	5.08	21	3.07	19
黑龙江	0.83	23	1.83	20	2.82	29	1.96	26
上海	10.39	3	11.12	6	15.78	5	12.65	5
江苏	14.59	2	20.27	3	24.20	2	20.43	2
浙江	9.83	5	14.51	4	20.88	3	15.78	4
安徽	4.51	8	6.54	10	11.75	7	7.98	8
福建	3.89	11	3.71	16	8.90	11	5.64	13
江西	2.30	18	2.83	18	9.47	10	5.13	15
山东	8.35	6	11.18	5	11.31	9	10.60	6
河南	3.95	10	4.83	14	7.04	15	5.44	14
湖北	5.06	7	9.81	7	11.63	8	9.41	7
湖南	3.78	12	5.31	11	8.77	12	6.23	11
广东	22.29	1	25.38	1	24.65	1	24.43	1
广西	1.01	22	1.33	22	4.38	23	2.37	23
海南	0.15	28	0.14	30	3.78	25	1.47	29
重庆	2.49	17	3.26	17	7.32	14	4.56	16
四川	4.11	9	6.95	8	5.78	19	5.89	12
贵州	1.09	21	1.23	24	6.30	17	3.04	20
云南	1.20	19	1.09	25	3.72	27	2.07	25
西藏	0.00	31	0.00	31	5.82	18	2.12	24
陕西	2.64	14	6.90	9	7.73	13	6.25	10
甘肃	0.51	26	1.24	23	3.09	28	1.75	27

续表

地区	科技投入指数	排名	科技产出指数	排名	科技环境指数	排名	科技创新综合指数	排名
青海	0.08	30	0.36	28	2.56	30	1.10	31
宁夏	0.33	28	0.29	29	6.44	16	2.53	21
新疆	0.47	27	0.37	27	3.73	26	1.61	28

2018年全国科技创新能力综合排名前10位的地区分别是：广东、江苏、北京、浙江、上海、山东、湖北、安徽、天津与陕西。安徽科技创新总体得分为7.98分，较2013年跃升2个位次，位居全国第8位，距排名前3位的广东、江苏、北京分别差16.45分、12.45分、12.09分，与排名第7位的湖北相差1.43分，进步较为明显。经过5年的发展，安徽在科技创新上与其他排名靠前的省市差距进一步缩小。

在科技创新的各个维度指数上：在科技创新投入方面，安徽得分4.51分，排名第8位，上升1个位次，分别落后排名前3位的广东、江苏、上海17.78分、10.08分、5.88分；在科技创新产出方面，安徽得分6.54分，排名第10位，上升2个位次，分别落后排名前3位的北京、广东、江苏18.84分、18.68分、13.73分；在科技创新环境方面，安徽得分11.75分，排名第7位，上升2个位次，分别落后排名前3位的广东、江苏、浙江12.9分、12.45分、9.13分。值得注意的是，经过5年发展，安徽在科技创新投入方面较2013年得分下降了0.82分，2018年安徽在科技创新其他各个维度上的得分均有上升。

为进一步寻找安徽科技创新的优势和薄弱之处，本书编写组对各个维度指标进行了进一步深入的对比分析，鉴于增强可视化展示效果和本书篇幅限制方面的考虑，本书编写组选取2013年及2018年排名靠前的省直辖市作为对比的对象，相关科技创新指标情况详细介绍如下：

1) 在科技创新投入维度上

2018年，在科技创新投入方面，安徽省四项指标在全国排名分别为第11名、第11名、第18名、第6名。与2013年相比，安徽省在R&D人员全时当量方面得分下降了4.5分，在引进技术经费支出方面降低了12分，在财政科技支出方面得分下降了3.1分，如表3-21所示。可以看出，安徽省虽然自2013年到2018年在科技创新投入维度整体排名有所提升，但在R&D人员全时当量、引进技术经费支出与财政科技支出等方面还存在相应的短板，与排名靠前的广东、江苏、浙江地区差距明显，未来的提升空间较大。

表 3-21　2013 年、2018 年安徽省科技创新投入分指标得分情况

地区	R&D人员全时当量		R&D经费支出		引进技术经费支出		财政科技支出	
	2013年	2018年	2013年	2018年	2013年	2018年	2013年	2018年
安徽	23.6分	19.1分	23.6分	23.9分	13.2分	1.2分	31分	27.9分

图 3-1 为 2018 年全国先进地区科技创新投入情况。

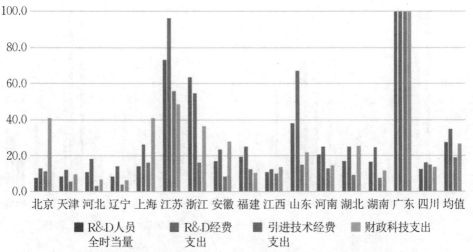

图 3-1　2018 年全国先进地区科技创新投入情况（书后附有彩图）

2) 在科技创新产出维度上

2018 年，在科技创新产出方面，安徽省四项指标在全国排名分别为第 6 名、第 13 名、第 6 名、第 21 名。与 2013 年相比，2018 年安徽省在科技创新产出的指标均保持上升，发明专利得分上升 7.5 分，技术市场成交额得分上升 1.9 分，新产品销售收入得分上升 2 分，科技论文数得分上升 1.1 分，如表 3-22 所示。可以看出，经过 5 年发展安徽在科技创新产出维度整体表现良好，但是在有些核心指标方面如技术市场成交额与科技论文贡献度方面还存在相应的短板，与排名靠前的北京、江苏、广东地区差距明显。另外，科技创新产出维度方面也是制约安徽整体科技创新能力进一步提升的主要因素，未来安徽应着重提升科技创新产出水平，提高科技创新成果转化效率和效益。

表 3-22 2013 年、2018 年安徽省科技创新产出分指标得分情况

地区	发明专利数		技术市场成交额		新产品销售收入		科技论文数	
	2013年	2018年	2013年	2018年	2013年	2018年	2013年	2018年
安徽	18.5分	26.0分	4.6分	6.5分	22.2分	24.2分	14.6分	15.7分

图 3-2 为 2018 年全国先进地区科技创新产出分指标得分情况。

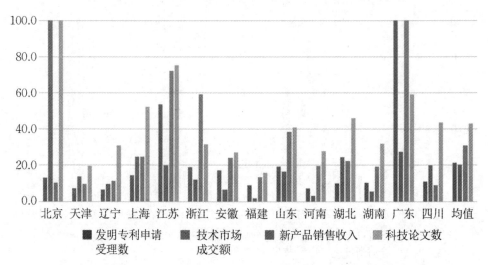

图 3-2 2018 年全国先进地区科技创新产出分指标得分情况（书后附有彩图）

3) 在科技创新环境维度上

2018 年，在科技创新产出方面，安徽省四项指标在全国排名分别为第 6 名、第 26 名、第 4 名、第 26 名。与 2013 年相比，2018 年安徽省在科技创新环境的大部分指标进步明显（表 3-23），有 R&D 活动企业数得分上升 3.5 分，人均教育经费支出得分上升 2.5 分，财政科技支出比得分上升 26.1 分，进步显著。可以看出，经过 5 年发展，安徽在科技创新产出维度整体表现出色，安徽在近些年逐年加大的财政对科技创新支持的力度，也起到了良好的效果。企业科技创新活力足，财政科技投入有力度。总之，良好的科技创新环境是支撑未来安徽科技创新发展进一步提升的宝贵基础，科技创新环境的提升也应该与营商环境的打造以及科技成果转化为生产力方面形成合力，以巩固安徽未来科技发展的基石。

表3-23 2013年、2018年安徽省科技创新环境分指标得分情况

地区	R&D活动企业数		人均教育经费支出		财政科技支出比		在校大学生人数	
	2013年	2018年	2013年	2018年	2013年	2018年	2013年	2018年
安徽	19.2分	22.7分	3.5分	6.0分	40分	66.1分	24.2分	21.3分

图3-3为2018年全国先进地区科技创新环境情况。

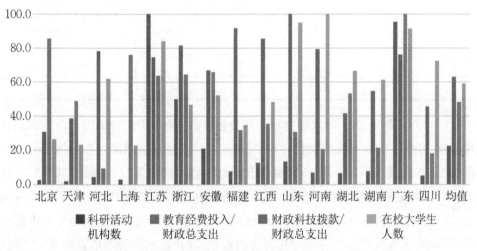

图3-3 2018年全国先进地区科技创新环境情况（书后附有彩图）

3.4.2 安徽在中部六省科技创新中的位势分析

中部六省的发展情况一直以来都受到了社会各界和各级领导的持续广泛关注。从2004年"中部崛起"规划出台，到2019年5月习近平总书记在推动中部地区崛起工作座谈会上发表重要讲话，推动中部地区崛起是党中央做出的重要决策。做好中部地区崛起工作，对实现全面建设小康社会奋斗目标、开启我国社会主义现代化建设新征程具有十分重要的意义。

科技创新一直与发展联系密切。我国经济发展要突破瓶颈、解决深层次矛盾和问题，根本出路在于创新，关键是科技力量。中部六省想要得到发展进步，应坚定实施创新驱动的发展战略，优化科技创新环境，加大科技创新力度。本书编写组进一步整理关于中部六省的科技创新能力情况，分析安徽在中部六省科技创新中

的位势,如表3-24所示。

表3-24 2013年、2018年中部六省科技创新评价指数排名

地区	科技投入指数		科技产出指数		科技环境指数		科技创新综合指数	
	2013年	2018年	2013年	2018年	2013年	2018年	2013年	2018年
山西	5	6	6	6	6	6	6	6
安徽	2	2	3	2	1	1	2	2
江西	6	5	5	5	4	3	5	5
河南	3	3	4	4	3	5	4	4
湖北	1	1	1	1	2	2	1	1
湖南	4	4	2	3	5	4	3	3

2013年安徽省在中部六省中整体科技创新能力排名第二,2018年落后湖北省1.43分,虽然位次没有发生变化,但是与湖北省仍有一定的差距。在分维度的指标排名上,科技投入方面2018年安徽省在中部六省中排名第二,在科技创新产出得分方面排名第二,较2013年上升一位,与第一名的湖北省差距3.27分,差距较为明显,这与上述安徽在全国中的位势分析结果一致,可见无论是在全国还是在中部地区,安徽省在科技产出方面还存在明显的短板,如在技术市场的培育方面、在科技论文的转化方面安徽还与湖北存在较大的差距。在科技创新环境得分方面安徽位居中部第一,较2013年得分也有明显提升。安徽省科技创新环境最为优越,政府对于科技创新发展扶持力度较大,社会整体在科技创新方面的经费、人力投入程度较高,得到的创新成果较为丰厚。通过指标时间序列分析,安徽省科技创新环境近些年来不断优化,且有持续向好的趋势。

3.4.3 安徽在长三角区域科技创新中的位势分析

2019年3月,政府工作报告提出将长三角区域一体化发展从地区性战略上升为国家战略。长三角区域从行政区经济向功能区经济转变,需要重点深化区域科技创新合作,充分利用自身具有优势的经济、产业、人才基础,建立创新共同体,推进长三角区域更高质量的一体化。长三角区域在科技创新方面一直处于全国的先进地位,应该坚持创新引领,顺势而为,提升长三角区域的国际竞争力,把长三角区

域打造成科技创新高地。

从表3-25中可以看出,长三角区域集中了江苏、浙江、上海这些科技创新能力在全国排名最为靠前的省市,安徽在2013年各项指标得分上都处于末尾位置,并且在具体指标的得分上与其他区域差距还很大,如在科技创新产出方面、科技创新投入方面严重落后。经过5年的发展,安徽省在2018年的科技创新产出及科技创新环境得分均有所提升,与长三角其他省市之间的差距进一步缩小,成绩来之不易。另外,安徽因为在经济发达程度上及地理区位上相较其他省市还不具备明显优势,科技创新,优秀的人才是基础,安徽在具有中国科学技术大学、合肥工业大学、安徽大学这样优秀学府的基础上,应注重利用好的政策留住当地培养的人才,吸引高科技人才加入。

表3-25 2013年、2018年长三角区域科技创新评价指数排名

地区	科技投入指数		科技产出指数		科技环境指数		科技创新综合指数	
	2013年	2018年	2013年	2018年	2013年	2018年	2013年	2018年
上海	2	2	3	3	3	3	3	3
江苏	1	1	1	1	1	1	1	1
浙江	3	3	2	2	2	2	2	2
安徽	4	4	4	4	4	4	4	4

长三角区域拥有全国近1/3的R&D经费、1/4的"双一流"建设高校、1/3的重大科技基础设施、1/4的国家重点实验室、1/4的国家工程研究中心,国际科技论文产出量、国内发明专利授权数量分别占全国的1/5、1/3以上,具有得天独厚的优势,应积极推进长三角科技创新共同体,发挥"三省一市"核心城市创新要素集聚和综合服务优势,瞄准世界科技前沿和战略性新兴产业制高点,合作开展原创性基础研究、关键核心技术攻关,促进科技成果转化,协同构建支撑高质量发展的现代产业体系和创新体系。安徽应积极利用好、借鉴好、吸收好长三角区域其他省市在科技创新方面的优势、长处,除在皖南以芜湖为重点、在皖北以蚌埠为重点、全省以合肥为核心推动科技创新发展外,各地市要结合自身科技创新特点,积极承接江浙沪发达地区的产业转移,并由此支撑本地区科技创新发展,融入长三角区域科技创新体系当中,逐渐形成具有自身特色和影响力的科技创新区域。

4 区域经济高质量发展评价与对比研究

4.1 安徽省经济发展现状概述

当前,外部经济环境复杂严峻,经济持续下行压力明显,安徽省通过抢抓推动长三角一体化发展,促进中部崛起等国家战略机遇,以供给侧结构性改革为主线,总体实现经济"稳中有进"的发展态势。

4.1.1 经济规模方面

经济规模快速扩大。近10年来,安徽省GDP实现翻倍增长。2011年,安徽省GDP仅为15300亿元,位列全国14位;2019年,安徽省全年生产总值达37114亿元,并超过北京、辽宁、河北等省市,位列全国第11位。同时,安徽省整体经济发展速度高于全国平均水平,2019年安徽省GDP同比增长为7.5%,同期全国GDP增速仅为6.1%。此外,在固定资产投资规模上,安徽省整体发展势头良好,2019年固定资产投入增长9.2%,增幅高于全国3.8个百分点,位居全国第8位、中部第4位。

4.1.2 经济结构方面

经济结构不断升级。近10年来,安徽省经济发展处于快速的转型期,一方面,助推安徽经济发展的支柱产业快速转换,2011年第二产业仍是安徽经济的主要推动力量,占比高达54.31%,2019年第三产业占比首次超过第二产业,占比达50.8%,成为经济发展新引擎。另一方面,安徽省城镇化比例逐年提升,2018年安徽省城镇化率达54.69%,相较2011年提升近10个百分点。此外,安徽省对外经济保持良好发展势头,2011年全省进出口总额仅为313亿美元,2019年则达到687.3亿美元,增长实现翻番。

4.1.3 经济质量方面

经济质量持续改善。近10年来,经济高质量发展成为安徽省重要发展要求。在高质量发展目标指引下,全省经济质量不断改善。首先,人民生活水平显著提升:一方面人均GDP增长实现翻番,2011年安徽省人均GDP仅为25659元,2019年人均GDP达58496元;另一方面,居民可支配收入实现大幅上涨,2018年城镇与农村居民可支配收入分别达34393元与13996元,相较于2011年的18606元与6232元,分别增长84.8%与126.6%。其次,经济发展愈发绿色,万元GDP能耗明显下降,2011年安徽省万元GDP能耗达0.75吨标准煤,2017年仅为0.497吨标准煤;同时,工业SO_2与工业废水排放量均明显减少,2017年安徽省工业SO_2与废水排放量分别为18.96万吨与43010万吨,相较2011年分别减少30万吨与27700万吨。

4.2 区域经济高质量发展评价指标体系构建

4.2.1 评价指标体系设计依据与原则

党的十九大报告指出,我国经济已由高速增长阶段转向高质量发展阶段,正处在转变发展方式、优化经济结构、转换增长动力的攻关期。党的十八届五中全会系统论述了"创新、协调、绿色、开放、共享"五大发展理念。安徽牢记习近平总书记的殷殷嘱托,制定并实施五大发展行动计划,全面建设现代化五大发展美好安徽,即聚焦下好创新"先手棋",努力闯出经济转型升级的新路子;聚焦乡村振兴"大战略",努力闯出城乡区域融合发展的新路子;聚焦绿色江淮"好家园",努力闯出生态优先绿色发展的新路子;聚焦蹄疾步稳"促改革",努力闯出新时代改革开放的新路子;聚焦增进群众"获得感",努力闯出共建共享的新路子。

安徽高质量经济发展,是能够很好地满足人民日益增长的美好生活所需要的发展,是体现新发展理念的发展,是创新成为第一动力、协调成为内生特点、绿色成为普遍形态、开放成为必由之路、共享成为根本目的的发展。在这里补充说明一点的是,本部分构建的安徽高质量经济发展评价指标体系所遵从的相关原则与本书3.2节部分"区域科技创新评价指标体系设计原则"基本一致,故在此不再赘述。因此,本书从经济创新发展、协调发展、绿色发展、开放发展、共享发展5个方面构建安徽高质量经济发展评价指标体系。

4.2.2 经济高质量发展具体评价指标体系

基于上述评价指标体系设计依据与思路,本书主要围绕经济创新发展、经济协调发展、经济绿色发展、经济开放发展以及经济共享发展等5个方面构建安徽省经济高质量发展评价指标体系。基于经济创新发展、经济协调发展、经济绿色发展、经济开放发展以及经济共享发展等5个重点维度，本书最终共选取14个三级指标构建了安徽省经济高质量发展评价指标体系。具体如表4-1所示。

表4-1 高质量经济发展评价指标体系

一级指标	二级指标	三级指标
经济高质量发展	经济创新发展	地区生产总值
		省级以上开发区经营收入
		规模以上工业增加值(增速)
	经济协调发展	经济波动率
		第三产业比重(产业结构合理化)
		常住人口城镇化率
	经济绿色发展	万元GDP能耗
		工业SO_2排放量
		工业废水排放量
	经济开放发展	外商实际直接投资
		进出口总额
	经济共享发展	人均GDP
		城乡居民可支配收入
		贫困发生率(低保户数/总户数)

4.2.3 经济高质量发展评价指标权重确定

经济高质量发展评价指标权重计算同样采用层次分析法(AHP方法)，并严格遵循该方法的操作流程，即建立多层次分析结构、设计判断矩阵、选取专家打分、一致性检验、权重计算等。最后，再参照10位专家打分权重，利用Yaahp软件计算经济高质量发展各指标权重分布，具体权重结果如表4-2所示。

表4-2 经济高质量发展评价指标权重

一级指标	二级指标	二级指标权重	三级指标	三级指标权重
经济高质量发展	经济创新发展	29.18%	地区生产总值	7.41%
			省级以上开发区经营收入	8.48%
			规模以上工业增加值(增速)	13.29%
	经济协调发展	12.45%	经济波动率	2.43%
			第三产业比重	6.85%
			常住人口城镇化率	3.17%
	经济绿色发展	14.26%	万元GDP能耗	4.74%
			工业SO_2排放量	4.92%
			工业废水排放量	4.60%
	经济开放发展	17.13%	外商实际直接投资	5.80%
			进出口总额	11.33%
	经济共享发展	26.98%	人均GDP	5.16%
			城乡居民可支配收入	10.90%
			贫困发生率	10.92%

4.3 区域经济高质量发展分维度比较研究

4.3.1 数据来源与处理

本书主要选取了安徽经济普查数据、2011—2018年安徽省及安徽省16个地市的经济发展指标数据。其中安徽省级经济发展数据主要收集于安徽省2012—2019年统计年鉴,安徽省16个地市经济发展数据主要收集于安徽省2012—2019年统计年鉴以及各地市2012—2019年统计年鉴。

4.3.2 安徽区域经济创新发展

本书统计了2011年、2014年与2018年等三个时间段安徽省区域经济创新发展状况。通过描述性统计分析可以看出,安徽省各地市的地区生产总值与省级以上开发区经营收入总体保持上升趋势,而规模以上工业增加值(增速)处于下降趋势。

比较"地区生产总值"(表4-3)可以看出,安徽各地市地区生产总值一直保持增长。其中,合肥长期领跑安徽省其他各地市地区生产总值,且与其他地市差距明显;芜湖位列全省第二,2018年达3283亿元;池州、黄山、铜陵等地市整体发展规模较小,地区生产总值仍低于1000亿,处于全省较低水平;而其余大部分地市地区生产总值则处于1000亿元—2000亿元。因此,总体而言,安徽省各地市的地区生产总值整体不均衡,且大部分地市处于较低水平。

表4-3 地区生产总值

(单位:亿元)

地区	2011年		2014年		2018年	
	实值	标准化	实值	标准化	实值	标准化
合肥	3637	1.000	5181	1.000	8605.1	1.000
六安	821.08	0.138	1086.3	0.124	1448.5	0.090
滁州	850.49	0.147	1214.39	0.151	2594.1	0.236
安庆	1215.74	0.258	1544.32	0.222	2196.8	0.185
宿州	802.42	0.132	1140.53	0.136	1757.8	0.130
淮北	554.92	0.056	759.64	0.054	1009.5	0.034
蚌埠	780.2393	0.125	1108.4	0.129	1906.5	0.148
阜阳	853.21	0.147	1188.97	0.146	2407.3	0.212
淮南	709.54	0.103	789.3	0.060	1197.1	0.058
亳州	626.65	0.078	883.63	0.081	1551.3	0.103
宣城	671.39	0.092	917.63	0.088	1418.9	0.086
池州	372.49	0.000	517.17	0.002	753.9	0.002
黄山	378.81	0.002	507.17	0.000	738.9	0.000

续表

地区	2011年		2014年		2018年	
	实值	标准化	实值	标准化	实值	标准化
马鞍山	1144.3	0.237	1333.12	0.177	1923.7	0.151
芜湖	1658.24	0.394	2309.55	0.386	3283.0	0.323
铜陵	579.41	0.064	716.31	0.045	954.7	0.027

比较"省级以上开发区经营收入"(表4-4)同样可以看出,近年来安徽省各地市的省级以上开发区经营收入均实现快速增长。其中,合肥与芜湖两市的省级以上开发区经营收入规模最大,2018年占比分别达29.8%与14.1%;其次是阜阳、滁州、蚌埠与马鞍山,2018年占比分别为8.5%、7.1%、5.69%与4.89%;其他地市省级以上开发区经营收入的规模则相对较小。因此,安徽省各地市省级以上开发区经营收入发展并不均衡。

表4-4 省级以上开发区经营收入

(单位:亿元)

地区	2011年		2014年		2018年	
	实值	标准化	实值	标准化	实值	标准化
合肥	5085.2	1.000	9439.3	1.000	13228.3	1.000
六安	518.8	0.089	1089.2	0.101	1566.6	0.082
滁州	759.3	0.137	1291.1	0.123	3146.5	0.206
安庆	1269.5	0.239	2237.6	0.225	2533.1	0.158
宿州	279.4	0.042	434.1	0.031	1059.4	0.042
淮北	253.0	0.036	499.8	0.038	852.6	0.026
蚌埠	904.2	0.166	1846.1	0.183	2523.1	0.157
阜阳	455.4	0.077	1760.4	0.174	3765.9	0.255
淮南	96.3	0.005	336.5	0.020	524.7	0.000
亳州	164.6	0.019	679.4	0.057	1636.7	0.088
宣城	583.1	0.102	934.1	0.085	1843.6	0.104
池州	177.1	0.021	376.6	0.025	722.1	0.016
黄山	70.9	0.000	147.7	0.000	622.8	0.008
马鞍山	861.5	0.158	1359.7	0.130	2168.2	0.129

续表

地区	2011年		2014年		2018年	
	实值	标准化	实值	标准化	实值	标准化
芜湖	2728.3	0.530	4603.5	0.480	6251.4	0.451
铜陵	535.8	0.093	1250.6	0.119	1915.0	0.109

比较"规模以上工业增加值(增速)"(表4-5)可以看出,近年来,安徽省各地市规模以上工业增加值(增速)整体保持下降趋势,2011年,全省各地市的规模以上工业增加值(增速)均在15%以上;然而,2018年,全省各地市规模以上工业增加值(增速)均不超过12%。但对比各市增速情况而言,大部分地市增长情况变动相近,而淮北、淮南等地区增速下降最为明显。

表4-5 规模以上工业增加值(增速)

地区	2011年		2014年		2018年	
	实值	标准化	实值	标准化	实值	标准化
合肥	23.5%	0.833	12.3%	0.972	11.3%	0.957
六安	23.3%	0.815	10.6%	0.877	10.4%	0.878
滁州	24.1%	0.889	12.2%	0.966	11.4%	0.965
安庆	21.20%	0.620	12.60%	0.989	8.30%	0.696
宿州	25.10%	0.981	11.80%	0.944	10.10%	0.852
淮北	15.50%	0.093	11.20%	0.911	0.30%	0.000
蚌埠	23.9%	0.870	12.8%	1.000	10.37%	0.876
阜阳	23%	0.787	11.50%	0.927	11.60%	0.983
淮南	25.3%	1.000	−5.1%	0.000	4.1%	0.330
亳州	25%	0.972	10.20%	0.855	11.80%	1.000
宣城	24.00%	0.880	11.30%	0.916	11.00%	0.930
池州	22.90%	0.778	11.60%	0.933	9.00%	0.757
黄山	24.70%	0.944	10.10%	0.849	10.30%	0.870
马鞍山	15%	0.046	11.9%	0.950	9.1%	0.765
芜湖	21.5%	0.648	12.3%	0.972	8.8%	0.739
铜陵	14.5%	0.000	11.7%	0.939	5.2%	0.426

在上述数据分析的基础上,本书统计了2011年、2014年与2018年等三个时间段安徽省区域经济创新发展状况。通过描述性统计分析可以看出,安徽省各地市的地区生产总值与省级以上开发区经营收入总体保持上升趋势,而规模以上工业增加值(增速)处于下降趋势。本书引入经济创新发展三级指标权重,分别计算2011年、2014年与2018年安徽省各地市"经济创新发展"评价指数,并排名。从表4-6中可知,合肥、芜湖长期位于安徽省经济创新发展的前列;安庆、阜阳、亳州、马鞍山等地市排名波动明显。

表4-6 2011年、2014年、2018年安徽省各地市经济创新发展评价指数与排名

地区	2011年		2014年		2018年	
	评价指数	排名	评价指数	排名	评价指数	排名
合肥	0.923	1	0.987	1	0.980	1
六安	0.432	9	0.460	11	0.446	8
滁州	0.482	5	0.514	6	0.559	3
安庆	0.417	12	0.572	3	0.410	11
宿州	0.492	3	0.473	7	0.433	9
淮北	0.067	15	0.439	12	0.016	16
蚌埠	0.476	6	0.541	4	0.482	6
阜阳	0.418	11	0.509	9	0.575	2
淮南	0.483	4	0.021	16	0.165	15
亳州	0.468	7	0.426	14	0.507	5
宣城	0.453	8	0.464	10	0.475	7
池州	0.360	13	0.432	13	0.350	13
黄山	0.430	10	0.386	15	0.398	12
马鞍山	0.127	14	0.515	5	0.424	10
芜湖	0.549	2	0.680	2	0.549	4
铜陵	0.043	16	0.473	8	0.232	14

从具体指标来看:比较"地区生产总值"可以看出,安徽各地市地区生产总值一直保持增长。但总体而言,安徽省各地市的地区生产总值整体不均衡,且大部分地市处于较低水平;近年来安徽省各地市的省级以上开发区经营收入均实现快速增长。其中,合肥与芜湖两市的省级以上开发区经营收入规模最大,2018年分别占

比达29.8%与14.1%;其他地市省级以上开发区经营收入的规模则相对较小;近年来,安徽省各地市规模以上工业增加值(增速)整体保持下降趋势。但对比各市增速情况而言,大部分地市增长情况变动相近,而淮北、淮南等地区增速下降最为明显。

4.3.3 安徽区域经济协调发展

本书统计了2011年、2014年与2018年等三个时间段安徽省区域经济协调发展状况。通过描述性统计分析可以看出,安徽省各地市的经济波动率(表4-7)、第三产业比重(表4-8)、常住人口城镇化率(表4-9)总体保持上升趋势。

表4-7 经济波动率

地区	2011年		2014年		2018年	
	实值	标准化	实值	标准化	实值	标准化
合肥	1.25	0.488	0.76	0.842	0.00	1.000
六安	0.7	0.756	0.05	1.000	0.15	0.950
滁州	0.8	0.707	0.85	0.822	0.05	0.983
安庆	0.2	1.000	0.6	0.878	2.1	0.300
宿州	0.3	0.951	0.4	0.922	0.3	0.900
淮北	1	0.610	0.25	0.956	2	0.333
蚌埠	0.464	0.871	0.5	0.900	0.3	0.900
阜阳	0.8	0.707	0.55	0.889	0.25	0.917
淮南	0.45	0.878	4.55	0.000	1.3	0.567
亳州	0.45	0.878	0.95	0.800	0.45	0.850
宣城	0.45	0.878	0.85	0.822	2.7	0.100
池州	1.55	0.341	0.5	0.900	1.1	0.633
黄山	0.30	0.951	0.85	0.822	2.35	0.217
马鞍山	1.45	0.390	0.65	0.867	0.25	0.917
芜湖	1.1	0.561	0.65	0.867	0.25	0.917
铜陵	2.25	0.000	0.65	0.867	2.15	0.283

表4-8 第三产业比重

地区	2011年		2014年		2018年	
	实值	标准化	实值	标准化	实值	标准化
合肥	39.22%	0.851	39.88%	0.655	50.30%	0.689
六安	32.6%	0.495	32.9%	0.300	44.1%	0.388
滁州	27.8%	0.237	28.8%	0.092	36.1%	0.000
安庆	29.80%	0.344	33.49%	0.330	39.70%	0.175
宿州	32.30%	0.479	35.30%	0.422	47.60%	0.558
淮北	25.20%	0.097	29%	0.102	38.60%	0.121
蚌埠	32.2%	0.473	32.6%	0.285	43.4%	0.354
阜阳	32.60%	0.495	34.30%	0.371	40.40%	0.209
淮南	27.1%	0.199	35.67%	0.441	42.6%	0.315
亳州	34.20%	0.581	38.50%	0.585	44.60%	0.412
宣城	32.68%	0.499	35.75%	0.445	41.01%	0.238
池州	35.34%	0.642	39.60%	0.641	46.77%	0.518
黄山	41.99%	1.000	46.67%	1.000	56.71%	1.000
马鞍山	26.1%	0.145	31.9%	0.249	41.9%	0.281
芜湖	27.7%	0.231	31%	0.203	43.8%	0.374
铜陵	23.4%	0.000	27%	0.000	37.7%	0.078

表4-9 常住人口城镇化率

地区	2011年		2014年		2018年	
	实值	标准化	实值	标准化	实值	标准化
合肥	64.60%	0.764	69.10%	0.777	74.97%	1.000
六安	37.4%	0.140	41.44%	0.134	46.08%	0.149
滁州	43.4%	0.278	47.75%	0.280	53.42%	0.365
安庆	38.1%	0.156	42.2%	0.151	49.22%	0.242
宿州	33.10%	0.041	37.40%	0.040	42.74%	0.051
淮北	55.70%	0.560	59.80%	0.561	65.11%	0.710
蚌埠	46.6%	0.351	50.91%	0.354	57.22%	0.477
阜阳	33.30%	0.046	37.50%	0.042	43.29%	0.067
淮南	63.7%	0.743	67.9%	0.749	64.11%	0.680
亳州	31.30%	0.000	35.70%	0.000	41.01%	0.000

续表

地区	2011年		2014年		2018年	
	实值	标准化	实值	标准化	实值	标准化
宣城	45%	0.314	49.3%	0.316	55.21%	0.418
池州	46%	0.337	50.1%	0.335	54.15%	0.387
黄山	42.8%	0.264	47%	0.263	51.46%	0.308
马鞍山	59.4%	0.644	63.86%	0.655	68.25%	0.802
芜湖	56.3%	0.573	60.67%	0.581	65.54%	0.722
铜陵	74.9%	1.000	78.68%	1.000	55.99%	0.441

比较"经济波动率"可以看出,安徽省各地市经济波动率趋势不完全一致,其中部分地市经济波动率趋于逐渐稳定,如合肥、芜湖、马鞍山、滁州、蚌埠等;而有些地市经济波动率上升明显,如黄山、宣城、安庆、淮南、淮北等。

比较"第三产业比重"可以看出,近年来,安徽省各地市第三产业比重均不断上升。其中,黄山第三产业比重最高,截至2018年达56.71%;合肥位居第二,2018年达50.3%。此外,安徽其他地市的第三产业比重均低于50%,其中较低的为铜陵与滁州,截至2018年第三产业比重仍低于40%。

比较"常住人口城镇化率"可以看出,近年来,安徽省大部分地市的常住人口城市化率均不断提升,但各地市城镇化比例还有一定差距。其中,合肥的常住人口城镇化率最高,截至2018年已高达74.97%;而宿州、阜阳、亳州及六安等地市的常住人口城镇化率相对偏低,截至2018年仍低于50%。

在上述数据分析的基础上,本书引入经济协调发展三级指标权重,分别计算2011年、2014年与2018年安徽省各地市"经济协调发展"评价指数,并排名。从表4-10可知,黄山和合肥长期位于安徽省经济协调发展的前列。

从具体指标来看:安徽省各地市经济波动率趋势不完全一致,其中部分地市经济波动率趋于逐渐稳定,如合肥、芜湖、马鞍山、滁州、蚌埠等;而有些地市经济波动率上升明显,如黄山、宣城、安庆、淮南、淮北等。近年来,安徽省各地市第三产业比重均不断上升。其中,黄山第三产业比重最高,截至2018年达56.71%;合肥位居第二。此外,安徽其他地市的第三产业比重均低于50%,其中较低的为铜陵与滁州;比较"常住人口城镇化率"可以看出,近年来,安徽省大部分地市的常住人口城市化率均不断提升,但各地市城镇化比例还有一定差距。其中,合肥的常住人口城镇化率最高;而宿州、阜阳、亳州及六安等地市的常住人口城镇化率相对偏低。

表4-10　2011年、2014年、2018年安徽省各地市经济协调发展评价指数与排名

地区	2011年		2014年		2018年	
	评价指数	排名	评价指数	排名	评价指数	排名
合肥	0.758	2	0.723	2	0.829	1
六安	0.456	9	0.394	12	0.437	9
滁州	0.339	13	0.282	16	0.285	13
安庆	0.425	10	0.392	13	0.216	15
宿州	0.460	8	0.422	11	0.496	6
淮北	0.315	15	0.386	15	0.313	11
蚌埠	0.520	4	0.423	10	0.492	7
阜阳	0.422	11	0.388	14	0.311	12
淮南	0.470	7	0.433	7	0.457	8
亳州	0.491	6	0.478	5	0.393	10
宣城	0.526	3	0.486	4	0.257	14
池州	0.506	5	0.613	3	0.507	5
黄山	0.803	1	0.778	1	0.671	2
马鞍山	0.320	14	0.473	6	0.538	4
芜湖	0.383	12	0.429	8	0.569	3
铜陵	0.255	16	0.424	9	0.210	16

4.3.4　安徽区域经济绿色发展

本书统计了2011年、2014年与2018年等三个时间段安徽省区域经济绿色发展情况。通过描述性统计分析可以看出,安徽省各地市的万元GDP能耗(表4-11)、工业SO_2排放量(表4-12)和工业废水排放量(表4-13)总体呈现下降趋势。

比较"万元GDP能耗"可以看出,安徽省大部分地市在降低万元GDP能耗方面投入了较大精力,取得了显著成效。其中,黄山作为一个旅游城市,万元GDP能耗水平全省最低,且与其他地市差距明显。此外,其他地市万元GDP能耗数据实现了不同幅度下降,比如合肥下降达50%以上。

表4-11 万元GDP能耗

(单位:吨标准煤/万元)

地区	2011年		2014年		2018年	
	实值	标准化	实值	标准化	实值	标准化
合肥	0.64	0.855	0.43	0.980	0.31	1.000
六安	0.74	0.771	0.57	0.840	0.45	0.830
滁州	0.69	0.814	0.60	0.810	0.43	0.859
安庆	0.65	0.847	0.57	0.840	0.50	0.767
宿州	0.80	0.726	0.63	0.780	0.45	0.827
淮北	1.07	0.506	0.90	0.510	0.69	0.542
蚌埠	0.69	0.814	0.60	0.810	0.36	0.941
阜阳	1.00	0.562	0.90	0.510	0.61	0.635
淮南	0.87	0.599	0.76	0.650	0.64	0.601
亳州	0.65	0.846	0.49	0.920	0.36	0.945
宣城	0.87	0.671	0.68	0.730	0.52	0.749
池州	1.03	0.540	0.89	0.520	0.79	0.415
黄山	0.46	1.003	0.41	1.000	0.31	1.004
马鞍山	1.70	0.004	1.41	0.000	1.13	0.005
芜湖	0.67	0.833	0.57	0.840	0.38	0.913
铜陵	1.04	0.531	0.88	0.530	0.69	0.539

表4-12 工业SO$_2$排放量

(单位:吨)

地区	2011年		2014年		2018年	
	实值	标准化	实值	标准化	实值	标准化
合肥	49497	0.315	42364.2	0.303	9379.39	0.746
六安	15307	0.831	14279.3	0.800	2608.01	1.000
滁州	17233	0.802	20525.3	0.690	6495.96	0.854
安庆	17685	0.795	16014	0.770	5774	0.881
宿州	30906	0.596	26452.4	0.585	12623.1	0.625
淮北	48141	0.335	44621.2	0.263	11867.79	0.653
蚌埠	19004	0.775	16407.3	0.763	3632.85	0.962

续表

地区	2011年 实值	2011年 标准化	2014年 实值	2014年 标准化	2018年 实值	2018年 标准化
阜阳	20454	0.753	17032.5	0.752	19770.49	0.357
淮南	70362	0.000	59491.9	0.000	29315.57	0.000
亳州	16206	0.817	12247	0.836	15946.42	0.501
宣城	20541	0.752	19357.1	0.711	10992.51	0.686
池州	16561	0.812	19881	0.701	7414.23	0.820
黄山	4106	1.000	3008.9	1.000	2838	0.991
马鞍山	66457	0.059	58818.8	0.012	17221.84	0.453
芜湖	36289	0.514	38706	0.368	21424.72	0.295
铜陵	36289	0.514	31435.6	0.497	11467.57	0.668

表 4-13 工业废水排放量

（单位：万吨）

地区	2011年 实值	2011年 标准化	2014年 实值	2014年 标准化	2018年 实值	2018年 标准化
合肥	6038.9	0.482	6919.68	0.373	4389.46	0.519
六安	3012.71	0.801	2740.09	0.791	686.15	0.975
滁州	3972.2	0.700	5755.26	0.489	2360.47	0.769
安庆	4637.11	0.630	4661.41	0.598	2856	0.708
宿州	7229.13	0.357	4029.29	0.662	2241.44	0.784
淮北	2654.37	0.839	2276.97	0.837	1726.57	0.847
蚌埠	4370.4	0.658	3036.62	0.761	1714.91	0.849
阜阳	3045.19	0.797	2640.27	0.800	2143.77	0.796
淮南	10625.93	0.000	10649.9	0.000	4991.59	0.445
亳州	3282.2	0.772	2754.64	0.789	1934.08	0.822
宣城	4672.83	0.626	3893.16	0.675	1620.2	0.860
池州	1571.54	0.952	2648.36	0.800	485.64	1.000
黄山	1118.55	1.000	643.79	1.000	725.8	0.970
马鞍山	7446.74	0.334	7338.23	0.331	8600.63	0.000
芜湖	2690.74	0.835	3899.59	0.675	3574.98	0.619
铜陵	4351.36	0.660	5692.98	0.495	3179.87	0.668

比较"工业SO_2排放量"可以看出,安徽省各地市工业SO_2排放量差距明显,工业SO_2排放量最高的马鞍山市是工业SO_2排放量最低的黄山市的16.1倍。同时,并非所有城市的工业SO_2排放量都呈现下降趋势,如亳州、阜阳在2018年的工业SO_2排放量较2014年分别增长30%、16%。

比较"工业废水排放量"可以看出,大部分地市的工业废水排放量处于下行趋势,并且很多地市下降幅度明显,如六安、安庆、宿州、蚌埠、池州等地市2018年工业废水排放量相对2011年下降超50%以上。然而,马鞍山工业废水排放量长期并未有下降,反而有小幅上升,并且在2018年位居全省第一。

在上述数据分析的基础上,本书引入经济绿色发展三级指标权重,分别计算2011年、2014年与2018年安徽省各地市"经济绿色发展"评价指数,并排名。从表4-14可知,黄山、六安长期位于安徽省经济绿色发展的前列。

表4-14 2011年、2014年、2018年安徽省各地市经济绿色发展评价指数

地区	2011年		2014年		2018年	
	评价指数	排名	评价指数	排名	评价指数	排名
合肥	0.548	14	0.551	12	0.757	7
六安	0.801	3	0.810	3	0.936	2
滁州	0.773	4	0.665	10	0.828	4
安庆	0.759	6	0.738	5	0.788	5
宿州	0.562	12	0.675	8	0.743	9
淮北	0.554	13	0.530	13	0.679	11
蚌埠	0.750	7	0.778	4	0.918	3
阜阳	0.704	9	0.687	7	0.591	14
淮南	0.199	15	0.216	15	0.343	15
亳州	0.812	2	0.849	2	0.752	8
宣城	0.685	10	0.706	6	0.763	6
池州	0.767	5	0.673	9	0.743	9
黄山	1.000	1	1.000	1	0.989	1
马鞍山	0.129	16	0.111	16	0.158	16
芜湖	0.724	8	0.624	11	0.605	13
铜陵	0.567	11	0.507	14	0.625	12

从具体指标来看:安徽省大部分地市在降低万元GDP能耗方面投入了较大精力,取得了显著成效。其中,黄山万元GDP能耗水平全省最低,且与其他地市差距明显。此外,其他地市万元GDP能耗数据也实现不同幅度下降,比如合肥下降达50%以上;安徽省各地市工业SO_2排放量差距明显,工业SO_2排放量最高的马鞍山市是工业SO_2排放量最低的黄山市的16.1倍。同时,并非所有城市的工业SO_2排放量都呈现下降趋势,如亳州、阜阳在2018年的工业SO_2排放量较2014年分别增长30%、16%;大部分地市的工业废水排放量处于下行趋势,并且很多地市下降幅度明显,如六安、安庆、宿州、蚌埠、池州等地市2018年工业废水排放量相对2011年下降超50%以上。然而,马鞍山长期并未有下降,反而有小幅上升,并且在2018年位居全省第一。

4.3.5 安徽区域经济开放发展

本书统计了2011年、2014年与2018年等三个时间段安徽省经济开放发展状况。通过描述性统计分析可以看出,安徽省各地市的外商实际直接投资(表4-15)、进出口总额(表4-16)总体保持上升趋势。

表4-15 外商实际直接投资

(单位:美元)

地区	2011年		2014年		2018年	
	实值	标准化	实值	标准化	实值	标准化
合肥	145601	1.000	218177	1.000	323000	1.000
六安	20504	0.101	35191	0.094	50306	0.100
滁州	32297	0.186	92353	0.377	139230	0.393
安庆	26430	0.143	26666	0.052	25494	0.018
宿州	25206	0.135	58966	0.212	91805	0.237
淮北	30123	0.170	54431	0.189	25697	0.019
蚌埠	45574	0.281	121357	0.521	139845	0.396
阜阳	6488	0.000	16207	0.000	41213	0.070
淮南	12876	0.046	20095	0.019	28525	0.028
亳州	24617	0.130	59687	0.215	90108	0.231

续表

地区	2011年		2014年		2018年	
	实值	标准化	实值	标准化	实值	标准化
宣城	31195	0.178	69002	0.261	112397	0.305
池州	16705	0.073	30260	0.070	39588	0.065
黄山	18215	0.084	27838	0.058	20014	0.000
马鞍山	99172	0.666	176131	0.792	248490	0.754
芜湖	104077	0.702	200340	0.912	291642	0.897
铜陵	23807	0.124	19577	0.017	32806	0.042

表4-16 进出口总额

(单位:美元)

地区	2011年		2014年		2018年	
	实值	标准化	实值	标准化	实值	标准化
合肥	1230891	1.000	2008677	1.000	3081266	1.000
六安	62565	0.035	68682	0.016	81305	0.011
滁州	113152	0.077	220430	0.093	310254	0.086
安庆	85824	0.054	225699	0.096	144729	0.032
宿州	22108	0.002	65123	0.014	74240	0.009
淮北	20149	0.000	54808	0.009	71844	0.008
蚌埠	77005	0.047	208032	0.087	148037	0.033
阜阳	64678	0.037	161012	0.063	137723	0.029
淮南	23878	0.003	44695	0.004	48303	0.000
亳州	32832	0.010	36920	0.000	83393	0.012
宣城	99549	0.066	169018	0.067	185125	0.045
池州	25753	0.005	41193	0.002	76346	0.009
黄山	46172	0.021	91808	0.028	95100	0.015
马鞍山	419661	0.330	297185	0.132	448049	0.132
芜湖	396491	0.311	644665	0.308	687565	0.211
铜陵	413074	0.325	523873	0.247	624145	0.190

比较"外商实际直接投资"可以看出，合肥长期领跑安徽省各地市的外商投资情况，其他地市与其相比差距明显；虽然，总体排名未变化，但合肥、芜湖等多个地市近几年的外商实际直接投资实现了一定上升；而安庆、淮北等两个地市近几年的外商实际直接投资却出现了下滑。

比较"进出口总额"可以看出，安徽省各地市进出口总额差距明显，2011年、2014年与2018年，仅有合肥、芜湖、铜陵、马鞍山等4个地市处于全省较高水平；而且合肥近年来的进出口总额与其他各地市的差距不断扩大，2018年合肥进出口总额占比达全省的48.9%。同时，从增量上来看，合肥、滁州、芜湖、铜陵等4个地市近年来增长明显。

在上述数据分析的基础上，本书引入经济开放发展三级指标权重，分别计算2011年、2014年与2018年安徽省各地市"经济开放发展"评价指数，并排名。从表4-17可知，合肥、芜湖、马鞍山长期位于安徽省经济开放发展城市的前列。

表4-17 2011年、2014年、2018年安徽省各地市经济开放发展评价指数与排名

地区	2011年		2014年		2018年	
	评价指数	排名	评价指数	排名	评价指数	排名
合肥	1.000	1	1.000	1	1.000	1
六安	0.057	9	0.042	12	0.041	11
滁州	0.114	6	0.189	5	0.190	4
安庆	0.084	8	0.081	8	0.027	13
宿州	0.047	12	0.081	8	0.086	8
淮北	0.057	9	0.070	11	0.011	14
蚌埠	0.126	5	0.234	4	0.156	5
阜阳	0.024	15	0.042	12	0.043	10
淮南	0.018	16	0.009	16	0.010	15
亳州	0.051	11	0.073	10	0.086	8
宣城	0.103	7	0.133	7	0.133	7
池州	0.028	14	0.025	15	0.028	12
黄山	0.043	13	0.038	14	0.010	15
马鞍山	0.444	2	0.355	3	0.342	3
芜湖	0.443	3	0.512	2	0.443	2
铜陵	0.257	4	0.169	6	0.140	6

从具体指标来看:比较"外商实际直接投资"可以看出,合肥长期领跑安徽省各地市的外商实际直接投资,且其他地市与其相比差距明显;虽然,总体排名未变化,但合肥、芜湖等多个地市近几年的外商实际直接投资实现了一定上升;而安庆、淮北等两个地市近几年的外商实际直接投资却出现了下滑;比较"进出口总额"可以看出,安徽省各地市进出口总额差距明显,2011年、2014年与2018年,仅有合肥、芜湖、铜陵、马鞍山等4个地市处于全省较高水平;同时,从增量上来看,合肥、滁州、芜湖、铜陵等4个地市近年来增长明显。

4.3.6 安徽区域经济共享发展

本书统计了2011年、2014年与2018年等三个时间段安徽省区域经济共享发展状况。通过描述性统计分析可以看出,安徽省各地市的人均GDP(表4-18)、城乡居民可支配收入(表4-19)总体保持上升趋势,贫困发生率(表4-20)保持下降趋势。

表4-18 人均GDP

(单位:元)

地区	2011年		2014年		2018年	
	实值	标准化	实值	标准化	实值	标准化
合肥	51652	0.591	72744	0.701	97470	1.000
六安	14592	0.050	19211	0.048	26731	0.068
滁州	21608	0.152	30562	0.186	43999	0.295
安庆	22893	0.171	28809	0.165	41088	0.257
宿州	14959	0.055	20895	0.068	28757	0.094
淮北	26225	0.219	35324	0.244	43962	0.295
蚌埠	24594	0.196	35542	0.247	50662	0.383
阜阳	11202	0.000	15303	0.000	21589	0.000
淮南	30400	0.281	33361	0.221	32487	0.144
亳州	12866	0.024	17769	0.030	24547	0.039
宣城	26428	0.222	35726	0.249	50065	0.375
池州	26446	0.223	36267	0.256	46865	0.333

续表

地区	2011年		2014年		2018年	
	实值	标准化	实值	标准化	实值	标准化
黄山	27967	0.245	37306	0.269	48579	0.356
马鞍山	52108	0.598	60091	0.547	82695	0.805
芜湖	46626	0.518	64039	0.595	88085	0.876
铜陵	79644	1.000	97193	1.000	75524	0.711

表4-19 城乡居民可支配收入

（单位：元）

地区	2011年		2014年		2018年	
	实值	标准化	实值	标准化	实值	标准化
合肥	22458.91	0.542	29348	0.731	45404	1.000
六安	17269.88	0.055	20610	0.000	29070	0.000
滁州	17917.77	0.116	22091	0.124	31230	0.132
安庆	18004	0.124	22109.00	0.125	31187	0.130
宿州	17562.59	0.082	21941	0.111	30100	0.063
淮北	17875.51	0.112	23787	0.266	31959	0.177
蚌埠	18143.29	0.137	24147	0.296	33855	0.293
阜阳	16686	0.000	21715	0.092	30113	0.064
淮南	18218.96	0.144	26267	0.473	32852	0.232
亳州	18099.15	0.133	21192	0.049	29711	0.039
宣城	17994	0.123	26289	0.475	36554	0.458
池州	19133	0.230	22295	0.141	30884	0.111
黄山	18669	0.186	24194	0.300	33551	0.274
马鞍山	27329.4	1.000	32560	1.000	45108	0.982
芜湖	21010.67	0.406	27384	0.567	38397	0.571
铜陵	21825.39	0.483	29234	0.722	35995	0.424

表4-20 贫困发生率(低保户数/总户数)

地区	2011年		2014年		2018年	
	实值	标准化	实值	标准化	实值	标准化
合肥	10.57%	0.999	8.60%	1.000	7.95%	0.927
六安	14.79%	0.250	13.59%	0.361	11.06%	0.529
滁州	15.55%	0.115	14.62%	0.229	10.20%	0.638
安庆	15.97%	0.041	15.17%	0.157	11.34%	0.493
宿州	14.59%	0.286	15.81%	0.075	15.19%	0.000
淮北	15.93%	0.048	12.93%	0.445	7.38%	0.999
蚌埠	13.37%	0.503	12.55%	0.493	10.56%	0.593
阜阳	16.20%	0.000	16.40%	0.000	12.02%	0.406
淮南	13.71%	0.442	10.49%	0.757	8.69%	0.832
亳州	14.20%	0.355	13.43%	0.381	10.02%	0.662
宣城	12.67%	0.627	11.75%	0.597	7.95%	0.927
池州	13.68%	0.448	13.19%	0.412	11.12%	0.521
黄山	15.37%	0.148	12.86%	0.454	8.97%	0.797
马鞍山	12.78%	0.608	11.32%	0.651	9.64%	0.710
芜湖	12.62%	0.635	11.62%	0.612	8.54%	0.851
铜陵	12.68%	0.625	9.96%	0.826	8.94%	0.800

比较三年"人均GDP"可以发现,2011年和2014年铜陵人均GDP高于安徽省其他各地,而2018年合肥则赶超其他地市,位居第一;合肥、芜湖、宣城、蚌埠、滁州等地市在全省对比中实现一定上升;铜陵、马鞍山、淮南在三个时间段的比较中名次下滑明显。但总体而言,安徽省各地市人均GDP不均衡,差距较为明显。

比较"城乡居民可支配收入"可以看出,安徽省各地市城乡居民可支配收入差距明显,2011年仅有马鞍山、合肥、铜陵、芜湖、池州等5个地市高于全省平均水平;2014年与2018年,也仅有马鞍山、合肥、铜陵、芜湖、宣城等5个地市高于全省平均水平。同时,从增量上来看,仅有合肥、马鞍山、芜湖、宣城等4个地市近年来增长明显。

比较"贫困发生率"可以看出,安徽省整体贫困发生率处于逐年下降的趋势。其中,近年来,淮北、黄山、宣城等地市贫困发生率下降较为明显。截至2018年,淮北的贫困发生率最低,仅为7.38%,相比2011年下降8个百分点。然而,宿州的贫困发生率却小幅上升,截至2018年,其贫困发生率仍高达15.19%,为全省最高。

本书引入经济共享发展三级指标权重,分别计算2011年、2014年与2018年安徽省各地市"经济共享发展"评价指数,并排名。从表4-21可知,合肥、马鞍山、芜湖长期位于安徽省经济共享发展的前列。

表4-21 2011年、2014年、2018年安徽省各地市经济共享发展评价指数与排名

地区	2011年		2014年		2018年	
	评价指数	排名	评价指数	排名	评价指数	排名
合肥	0.737	2	0.835	1	0.971	1
六安	0.133	12	0.155	13	0.227	14
滁州	0.122	13	0.178	12	0.369	10
安庆	0.099	15	0.146	14	0.301	12
宿州	0.160	11	0.088	15	0.043	16
淮北	0.107	14	0.334	9	0.533	6
蚌埠	0.297	7	0.367	7	0.432	9
阜阳	0.000	16	0.037	16	0.190	15
淮南	0.291	8	0.540	5	0.458	8
亳州	0.202	9	0.180	11	0.291	13
宣城	0.346	5	0.481	6	0.632	4
池州	0.317	6	0.273	10	0.320	11
黄山	0.182	10	0.356	8	0.502	7
马鞍山	0.764	1	0.772	3	0.838	2
芜湖	0.520	4	0.591	4	0.743	3
铜陵	0.640	3	0.817	2	0.631	5

从具体指标来看:2011年和2014年铜陵人均GDP高于安徽省其他各地,而2018年合肥则赶超其他地市,位居第一;但总体而言,安徽省各地市人均GDP不均衡,差距较为明显。安徽省各地市城乡居民可支配收入差距明显,2014年与2018年,也仅有马鞍山、合肥、铜陵、芜湖、宣城等5个地市高于全省平均水平。同时,从增量上来看,仅有合肥、马鞍山、芜湖、宣城等4个地市近年来增长明显。安徽省整体贫困发生率处于逐年下降的趋势。截至2018年,淮北的贫困发生率最低,仅为7.38%,相比2011年下降8个百分点。然而,宿州的贫困发生率却小幅上升,截至

2018年,其贫困发生率仍高达15.19%,为全省最高。

4.3.7 安徽区域经济高质量发展排名

在上述经济创新发展、经济协调发展、经济绿色发展、经济开放发展与经济共享发展的评价指数基础上,代入经济高质量发展二级指标权重,分别计算2011年、2014年与2018年安徽省各地市"经济高质量发展"评价指数,并将计算结果汇总至表4-22中。

表4-22　2011年、2014年、2018年安徽省各地市经济高质量发展评价指数与排名

地区	2011年		2014年		2018年	
	评价指数	排名	评价指数	排名	评价指数	排名
合肥	0.812	1	0.853	1	0.930	1
六安	0.343	10	0.348	13	0.386	9
滁州	0.346	9	0.360	11	0.449	7
安庆	0.324	13	0.374	9	0.345	13
宿州	0.332	12	0.324	14	0.320	14
淮北	0.176	16	0.354	12	0.286	15
蚌埠	0.412	4	0.461	5	0.476	5
阜阳	0.279	15	0.312	15	0.349	12
淮南	0.309	14	0.238	16	0.279	16
亳州	0.377	7	0.366	10	0.397	8
宣城	0.406	5	0.449	7	0.473	6
池州	0.368	8	0.376	8	0.362	11
黄山	0.425	3	0.455	6	0.478	4
马鞍山	0.377	6	0.494	4	0.498	3
芜湖	0.527	2	0.588	2	0.594	2
铜陵	0.342	11	0.512	3	0.377	10

由表4-22可以看出,安徽省各地市经济高质量发展相对状况长期保持稳定。首先,合肥、芜湖一直处于安徽省经济高质量发展的前列,且均在经济创新发展、经

济协调发展、经济开放发展与经济共享发展等四个维度上位居全省前列。其次,马鞍山、蚌埠则处于安徽省经济高质量发展第二梯队,其中马鞍山在经济协调发展、经济开放发展与经济共享发展等三个维度上位居全省前列;黄山在经济协调发展与经济绿色发展等两个维度上位居全省前列;宣城则在经济创新发展、经济绿色发展、经济开放发展与经济分享发展四个维度上发展较为均衡,位居全省中上水平;蚌埠则各个维度较为均衡,5个维度均位列全省中上水平。再次,淮南、淮北、宿州、安庆、阜阳等地市近年经济高质量发展水平则相对滞后,其中,淮北与淮南在经济创新发展、经济绿色发展与经济开放发展等三个维度上发展水平相对较低;安庆则在经济协调发展、经济开放发展与经济共享发展等三个维度相对水平较低;阜阳则在经济协调发展与经济绿色发展维度上得分较低;宿州则在经济共享发展维度上处于全省最低水平。

另外,由表4-22可以发现,滁州、六安近年来经济高质量发展较为明显,相对排名有了一定提升。其中,滁州在经济创新发展与经济开放发展维度上成长显著,2018年处于全省领先水平;六安则在经济绿色发展维度上表现突出,位列全省第二。然而,铜陵、池州经济高质量发展排名则相对下滑。其中,铜陵下滑主要原因是合并枞阳县导致各类维度排名下降;而池州下滑原因主要是经济绿色发展与经济共享发展维度出现相对不足。

总体而言,安徽省各地市经济高质量发展差异较大,且各有不足。截至2018年,唯有合肥和芜湖相对经济发展水平较高,处于全省绝对领先地位。全省其他地市发展则相对不太均衡,虽然部分地市在个别维度排名领先,但在其他维度上还存在明显短板,如黄山、六安、阜阳等;同时,还有个别地市在各个维度上都存在明显不足,如淮北、淮南等。因此,安徽省各地市要因地制宜,补齐短板,持续推进经济高质量发展。

5 区域科技创新对经济高质量发展的影响研究

随着时间的推移与演进,各地区科技创新能力和经济发展水平也随之发生变化,这将导致区域科技创新促进经济增长发生结构性变化(李正辉和徐维,2011),因此需要探究区域科技创新促进经济增长的时期差异性的影响效应,这有利于从理论上弄清安徽省科技创新对经济增长的作用程度及其机理。利用面板数据比仅仅使用横截面数据或时间序列数据更能构建和检验更为准确真实的模型,能对其进行更加深入的分析与评价(高铁梅,2009)。建立含有固定效应的变截距模型,既可以分析出区域科技创新促进经济增长的地区差异性,也可以分析出时间对区域科技创新促进经济增长的影响。

基于上述分析,本章主要研究以下两个问题:第一,安徽及各地市科技创新能力对经济高质量增长的影响效应研究。根据安徽科技创新各个阶段发展情况,本书编写组收集整理了2011至2018年安徽省及各个地市经济普查数据,并使用安徽省及各个地市面板数据,通过构建面板数据实证模型,如柯布-道格拉斯生产函数,验证科技创新投入、科技创新产出及科技创新环境对经济高质量增长的影响。第二,安徽及各地市科技创新能力与经济高质量发展的耦合协调研究。本章通过线性加权法来评价分析安徽区域科技创新与经济发展两系统的评价指数与发展水平,耦合度是对系统之间相互影响、相互作用程度的度量。区域科技创新与经济发展彼此联系,相互影响,运用耦合度可以反映两者的关联关系。本章参考相关研究(刘定惠和杨永春,2011),构建多系统耦合协调度模型,以全面准确地反映安徽科技创新系统与经济发展系统耦合的协调程度。

5.1 区域科技创新促与进经济增长的匹配性关系

根据上述区域科技创新促进经济增长的理论分析可知,区域科技创新能力强的地区促进经济增长的效应往往也越大,而经济增长水平高的地区往往区域科技创新能力也较强,由此可得区域科技创新能力与经济增长水平应具有的一定的匹配性。基于此,本章根据编写组构建的评价指标体系,首先对安徽省各个区域的科技创新能力及经济高质量发展水平进行聚类分析,将各个地市的科技创新能力及经济高质量发展进行分类,然后根据排序分类的结果,计算匹配性系数,以验证两者之间是否存在匹配性关系。

5.1.1 安徽区域科技创新能力分类结果

在上述第二章、第三章对安徽省区域科技创新能力的初步分析中,我们发现无论从指数还是要素来看安徽省不同地市的区域创新能力存在着较大的差异,也就是说安徽省区域科技创新能力存在着梯度发展的差异,为了更好地考察不同梯度区域科技创新的特征,有的放矢地对提高各梯度区域科技创新能力提出针对性建议,这里我们使用聚类分析方法对安徽省市的区域科技创新能力进行梯度划分。

运用SPSS软件,使用系统聚类法中的类间平均距离连接法,得到的安徽各个地市科技创新聚类分析结果,如图5-1所示。

由图5-1可知,将安徽省各个地市科技创新能力划分为三类和四类都是可行的,但是考虑到划分为三类能更好地揭示出安徽区域科技创新的特征,故将其划分为三类。结合前文对区域科技创新能力的评价,可以将安徽省的区域科技创新能力划分为强势、中势和弱势三个梯队,如表5-1所示。

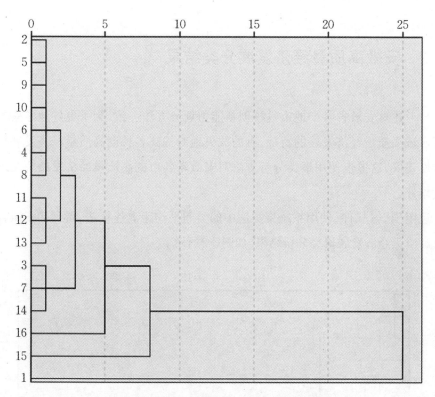

注:1表示合肥;15表示芜湖;2—14,16表示其他地市。

图5-1 安徽区域科技创新能力分类结果

表5-1 安徽省16个市科技创新能力的梯度划分

梯队	地区
强势地区	合肥市
中势地区	芜湖市
弱势地区	马鞍山、蚌埠市、滁州市、安庆市、六安市、阜阳市、宣城市、黄山市、淮南市、宿州市、铜陵市、淮北市、亳州市、池州市

表5-1显示的安徽省现阶段区域科技创新能力梯度划分结果与实际情况是非常相符合的。合肥作为省会在科技创新能力上明显强于其他地市,芜湖市属于第二梯队,科技创新能力虽不如合肥,但是较其他地市也较为突出。而其他地市均为第三梯队,可见安徽省各个地市在科技创新方面发展很不均衡,大多数地市科技创新能力较弱。

5.1.2 安徽高质量经济发展分类结果

与上述对安徽省各个地市科技创新能力划分方法一致,为了更好地考察不同梯度区域高质量经济发展的特征,有的放矢地对提高各梯度高质量经济发展提出针对性建议,这里也使用聚类分析方法对安徽省各市的高质量经济发展情况进行梯度划分。

运用SPSS软件,使用系统聚类法中的类间平均距离连接法,得到的安徽各个地市高质量经济发展聚类分析结果,如图5-2所示。

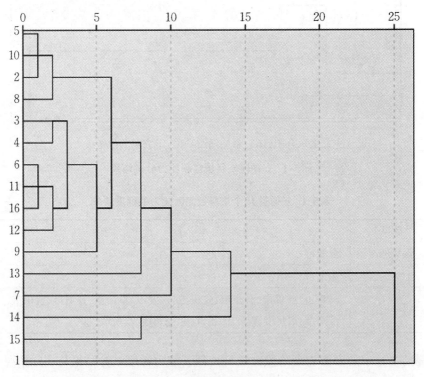

注:1表示合肥;15表示芜湖;14表示马鞍山;2—13,16表示其他地市。

图5-2 安徽高质量经济发展分类结果

表5-2显示的安徽省现阶段高质量经济发展梯度划分结果与实际情况是非常相符合的。合肥作为省会在经济高质量发展上明显强于其他地市,芜湖市及马鞍

山市属于第二梯队,经济发展水平虽不如合肥,但是较其他地市较为突出。而其他地市均为第三梯队,可见安徽省各个地市在经济发展方面发展很不均衡,大多数地市经济发展情况较差,且与第一梯队及第二梯队中的地市差异较大。

表5-2 安徽省16个市经济高质量发展的梯度划分

梯队	地区
强势地区	合肥市
中势地区	芜湖市、马鞍山
弱势地区	蚌埠市、滁州市、安庆市、六安市、阜阳市、宣城市、黄山市、淮南市、宿州市、铜陵市、淮北市、亳州市、池州市

5.1.3 科技创新促进经济增长的匹配性

从上述对安徽各个地市的区域科技创新能力及经济高质量划分结果可以看出,大部分地市在区域科技创新能力梯度划分和经济增长梯度划分中都被划为同一类,例如合肥、芜湖等。这里我们采用其他相关研究的定义,以匹配性系数反映区域科技创新与经济增长的匹配性高低,匹配系数越大说明匹配性越高,反之匹配性低。

$$I=S_j/16$$

式中,I 为匹配性系数,S_j 为区域科技创新能力梯度划分和经济增长梯度划分都划为同一类的省市个数,分别表示强势地区、优势地区、中势地区、弱势地区。

经计算,$I=93.8\%$。说明区域科技创新与经济增长的匹配性很高,这与安徽省实际情况也是相符合的,同时验证了区域科技创新促进经济增长的理论。当然这里只是一个整体情况上的匹配性关系,下面我们将通过贡献率分析及科技创新与经济增长关系的协调耦合性分析进一步深入分析各个地市科技创新能力对经济发展的影响效应。

5.2 区域科技创新对促进经济增长的影响效应

为了进一步分析安徽省及各个地市科技创新促进经济增长的个体差异性和时期差异性,本书编写组选择面板数据模型进行分析。

5.2.1 指标及描述性统计

研究数据来源于安徽经济普查数据、《安徽省统计年鉴》、各地市统计年鉴及相关的官方公布的统计公报,在空间上选取了安徽省及16个地市,时间为2011年至2018年合计8年,共选取了27个指标数据作为研究样本。其中选取高质量经济发展的5个方面的相关变量为被解释变量,解释变量包括技术创新投入、技术创新产出和科技创新环境3个变量。为克服序列的异方差影响,我们对变量进行标准化处理,数据的描述统计见表5-3。

表5-3 变量名解释及描述统计

变量名	释义	最小值	最大值	均值	标准差
$\ln jj$	经济发展	0.020	0.169	0.097	0.054
$\ln tr$	科技投入	0.033	0.190	0.118	0.051
$\ln cc$	科技产出	0.000	0.412	0.201	0.138
$\ln hj$	科技环境	0.032	0.309	0.177	0.105

注:表中数据为标准化处理之后的数据。

在研究区域科技创新与经济增长关系的相关文献中,实证模型大同小异,其主要差别在于模型是否体现出区域科技创新促进经济增长的个体差异性和时期差异性。结合先前研究以及安徽省的具体实际,为了验证技术创新投入、技术创新产出和科技创新环境各变量对经济增长的影响,我们将各变量引入柯布-道格拉斯生产函数,得到初步建立的实证模型:

$$\ln gdp \cdot i \cdot t = \alpha + \beta_1 \ln js + \beta_2 \ln zs + \beta_3 \ln hj + u_{i \cdot t}$$
$$i = 1, 2, \cdots, 30, \quad t = 1, 2, \cdots, T$$

5.2.2 模型估计及分析结果

采用含个体及时间固定效应变截距模型，利用面板数据模型进行估计分析，得到实证结果，如表5-4所示。

表5-4 安徽科技创新与经济高质量发展指标相关性分析

	科技创新投入	科技创新产出	科技创新环境	经济创新发展	经济协调发展	经济绿色发展	经济开放发展	经济共享发展
科技创新投入	1							
科技创新产出	0.989**	1						
科技创新环境	0.959**	0.949**	1					
经济创新发展	0.966**	0.937**	0.904**	1				
经济协调发展	0.959**	0.974**	0.978**	0.898**	1			
经济绿色发展	0.921**	0.920**	0.980**	0.825*	0.950**	1		
经济开放发展	0.962**	0.971**	0.864**	0.944**	0.901**	0.817*	1	
经济共享发展	0.962**	0.967**	0.990**	0.894**	0.992**	0.977**	0.883**	1

注："**"在0.01级别（双尾），相关性显著；"*"在0.05级别（双尾），相关性显著。

从表5-4可知，安徽科技创新能力与经济高质量发展之间具有高度的相关性，从二级指标来看，结果也是一致的，科技创新投入、科技创新产出、科技创新环境与安徽高质量经济发展的5个二级指标之间也具有高度的相关性。

进一步地通过模型计算，从表5-5中的估计结果可知，回归模型的R^2和调整后的R^2都很高，分别达到了0.997和0.996，说明模型的总体拟合效果较好。且所有解释变量都能通过显著性水平0.01的t检验，表明各个解释变量都有很好的解释作用。

从表5-5进一步可知，安徽区域科技创新的三个要素（科技创新投入、科技创新产出和科技创新环境）对安徽省经济增长都有较好的正向效应，即区域科技创新能有效地促进安徽高质量经济增长，这与安徽省的实际情况是相符合的。在区域科技创新的三个要素中,创新环境对经济增长的正向效应最大,创新环境每增加1个单位,经济(高质量经济发展)增长0.263个单位,所以各个地市的创新基础设施建设、融资能力和创新扶持补助支持等制度建设对区域经济的增长起着至关重要的作用。科技创新投入的回归系数为0.240,表明技术创新能力每提升1个单位,经济(高质量经济发展)均增长0.240个单位,所以加大技术投入,能明显带动区域经济增长。科技创新产出的回归系数为0.106,对经济增长也有一定促进作用,当科技创新产出能力每提升1个单位,经济(高质量经济)增长0.106个单位。

表5-5 区域科技创新对经济增长的回归分析结果

变量	系数	标准误	T统计量	概率
科技投入	0.239847	0.055245	4.341527	0.0074
科技产出	0.105737	0.028496	3.710652	0.0138
科技环境	0.263730	0.038075	6.926584	0.0010
分析结果				
R平方	0.997566		因变量均值	0.096504
调整R平方	0.996592		因变量标准差	0.053576
回归标准差	0.003128		赤池信息准则	-8.417117
残差平方和	0.00489		施瓦兹准则	-8.387327
对数似然	36.66847		H-Q信息准则	-8.618043
D-W统计	2.541650			

这里需要进一步说明的是,本书编写组通过对各个地市采用一致的方法进行计算,发现了与上述结果一致的情况,总体上通过模型计算我们发现,安徽各个地市的经济增长水平有一定的差异,其中合肥、芜湖、马鞍山为经济水平最高的三个地市。这些地市都是安徽省经济、改革创新发展地区,说明这些区域的技术科技创新投入、科技创新产出和科技创新环境的水平比较高,对经济增长有较大的促进作用,例如,合肥在经济、金融、高技术产业发展、教育和利用外资等方面在省内都处于先进水平,所以区域科技创新能力很强,进而带动经济水平的提高。相反位于安徽省北部经济增长水平较低的地市,其科技创新投入、科技创新产出和科技创新环境比较薄弱,区域科技创新能力比较低。综上所述,区域科技创新水平高的地市对经济增长的正向效应越大,反之,区域科技创新水平低的地市对经济增长的促进作用越小。

5.3 区域科技创新与促进经济增长的耦合协调性

5.3.1 区域科技创新与经济发展耦合作用机理

经济发展与科技创新紧密联系,彼此相互影响、相互作用。在扩散效应、社会效应及规模效应的作用下,经济发展系统内各要素与科技创新系统内各要素相互影响,形成正反馈与负反馈作用共存的影响模式。

当地区经济发展滞后时,经济发展对科技的需求不足,区域科技创新成果无法快速转化,会制约科技创新的推动作用,此时需要刺激市场需求,加快闲置创新成果的转化与应用,提升经济发展水平。地区科技创新滞后时,科技创新不足以支撑经济发展需要,科技创新能力较弱,应加大经济支持力度,促进科技创新发展,为经济可持续发展提供基础,促进产业结构加速升级。当科技创新能力与经济发展水平大体相当时,科技成果可以实现完全转化与应用,适应经济发展对科技创新的需求,处于良性正反馈平衡机制中,两系统实现耦合协调发展,在发展速度、发展规模及相互作用中呈现正向效应,彼此依赖,相互影响。

经济发展水平与区域科技创新水平的协调发展,会促进区域整体的可持续发展。可通过区域科技创新促进企业等创新主体研发创新,促进新技术、新工艺、新产品的产生,通过技术与知识扩散作用,促使传统产业向新兴产业发展,并催生大批高技术产业,加快产业结构合理化升级。创新技术的应用促使生产现代化,生产向集约化模式发展,转变经济增长方式。不断增强的科技创新能力及专利技术成果的产出增强了经济整体竞争力水平,从而对经济发展起到了推动作用。经济发展水平的提升促使经济规模扩大,对科技创新投入力度不断加大,对教育、文化、制度等的发展更加重视。通过储备科技人才,加强科技创新意识,促使科技创新能力增强,并且得到进一步发展。在良性相互作用下,区域科技创新与经济发展两系统之间形成递进循环影响效应,实现耦合协调发展。

5.3.2 区域科技创新与经济发展的耦合协调模型构建

5.3.2.1 耦合度模型

耦合度是对系统之间相互影响、相互作用程度的度量。区域科技创新与经济发展彼此联系,相互影响,运用耦合度可以反映两者的关联关系。参考相关研究,多系统的耦合度为:

$$C_s = \left\{ \frac{(U_1 \times U_2 \times \cdots U_s)}{\prod(U_i + U_j)} \right\}^{\frac{1}{s}} \quad (i=1,2,\cdots,s; j=1,2,\cdots,s; 且 i \neq j)$$

式中,C_s 为耦合度,U_i、U_j 为各系统的综合评价指数。由于本书是研究经济高质量发展系统与科技创新能力系统,因此 $s=2$,U_1 为科技创新系统,U_2 为经济高质量发展系统。

5.3.2.2 耦合协调度模型

由于耦合度无法对区域与要素间的差别进行准确反映,会出现耦合度与耦合协调度不一致的情况。例如当两系统综合评价指数都较高或较低时,都会得到较高的耦合度,无法准确反映各系统之间的协调水平。所以,需要建立耦合协调度模型,全面准确地反映系统耦合的协调程度。计算公式为:

$$D = \sqrt{C \times T}$$
$$T = \alpha U_1 + \beta U_2$$

式中,D 为耦合协调度;T 为两系统的综合协调指数;α、β 为待定系数,考虑到区域科技创新系统与经济发展系统在相互作用中彼此相互影响,影响力同等重要,这里取 α、β 均为 0.5。

5.3.2.3 耦合协调度判断标准

参考吴玉鸣、蒋天颖等人的研究,结合研究数据特征,根据区域科技创新与经济发展的耦合协调阶段划分等级区间,划分标准如表5-6所示。

表5-6 耦合度、耦合协调度判断标准

耦合度	耦合阶段	耦合协调度	耦合协调类型
$0 \leq C < 0.2$	低度耦合	$0 \leq D < 0.2$	低度耦合协调
$0.2 \leq C < 0.4$	中低度耦合	$0.2 \leq D < 0.4$	中低度耦合协调
$0.4 \leq C < 0.6$	中度耦合	$0.4 \leq D < 0.5$	中度耦合协调
$0.6 \leq C < 0.8$	中高度耦合	$0.5 \leq D < 0.8$	中高度耦合协调
$0.8 \leq C \leq 1$	高度耦合	$0.8 \leq D \leq 1$	高度耦合协调

5.3.3 安徽及各地市科技创新与经济发展的耦合协调实际情况

本书编写组按照上述思路,分别选取安徽省2011—2018年数据,计算安徽省2011—2018年各年度科技创新与经济发展耦合协调情况,如表5-7所示。

表5-7 安徽省2011—2018年科技创新及经济发展综合指数

年度	科技创新能力综合指数	经济高质量发展综合指数
2011	0.019	0.020
2012	0.078	0.049
2013	0.113	0.062
2014	0.146	0.081
2015	0.180	0.097
2016	0.247	0.137
2017	0.283	0.157
2018	0.325	0.169

根据上述计算方式,本书编写组计算安徽省2011—2018年分年度整体科技创新与经济发展耦合度及耦合协调度,并参考黄木易对协调发展滞后型的分类方法,找出影响地区发展的主要制约因素,判断相关情况如表5-8所示。

整体来看,安徽省2011—2018年耦合协调度处于中低度协调耦合阶段,而且2011—2018年的变化较小,科技创新与经济发展两系统的耦合协调性中等偏下,值得注意的是2011—2018年安徽省整体耦合协调度呈现逐年增加的趋势,预计未来五年会进入中度或中高度耦合协调发展阶段。从主要制约因素来看,制约安徽省协调度的主要因素是经济高质量发展方面,科技创新评价指数高于区域高质量经济综合评价指数,安徽省的高质量经济发展整体仍处于落后地位。

表5-8 安徽省分年度科技创新与经济发展耦合度及耦合协调度

年度	耦合度	耦合协调度	耦合阶段	耦合协调类型	制约因素
2011	0.49838	0.093366	中度耦合	低度耦合协调	经济因素
2012	0.483142	0.173138	中度耦合	低度耦合协调	经济因素
2013	0.473803	0.201476	中度耦合	中低度耦合协调	经济因素
2014	0.478867	0.232998	中度耦合	中低度耦合协调	经济因素
2015	0.480772	0.260874	中度耦合	中低度耦合协调	经济因素
2016	0.488901	0.315848	中度耦合	中低度耦合协调	经济因素
2017	0.489532	0.339477	中度耦合	中低度耦合协调	经济因素
2018	0.485393	0.356872	中度耦合	中低度耦合协调	经济因素

按照经济发展的阶段理论,只有经济发展到一定阶段,科技创新和经济发展才有可能实现良性互动耦合协调共进,显然,安徽省还有不少地区的经济发展总量和人均水平都较低,相对滞后的经济发展水平会限制当地的科技创新投入强度,从而反过来导致其对地方经济的贡献效应不显著,同其他省份一样,今后安徽省的经济发展必须改变以往基本依靠资源投入拉动的初级阶段,只有以科技创新为基础的产业在整个区域经济发展中的占比不断增加,高附加值的产业取代落后产业,才能在区域竞争中脱颖而出,这样地方经济才能持续发展甚至实现赶超。

在了解全省情况的基础上,为了更进一步判断不同区域情况,本书编写组根据耦合度及耦合协调度计算公式,分别计算出安徽省16个地市2011年、2014年及2018年科技创新与经济发展的耦合度C、协调度T、耦合协调度D,并将所得数据绘制成变化图,如图5-3所示。

从耦合度来看,安徽省16个地市的耦合度均分布于0.2—0.5区间之内,处于中低度和中度耦合阶段,且各地市每年的变化幅度较小。在所有地市中,合肥、芜湖、马鞍山、滁州一直处于中度耦合阶段,淮南市在2018年出现明显下滑现象,从中度耦合下滑到中低度耦合阶段。皖北区域的亳州、宿州、淮北和皖南区域的黄山、池州在16个地市耦合阶段中处于靠后位置。

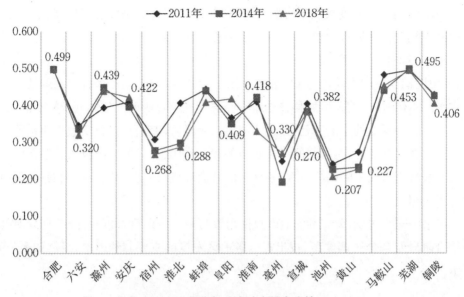

图 5-3 安徽省 16 个地市耦合度情况

从耦合协调度来看(图 5-4),合肥市在所有地市中表现抢眼,耦合协调度一直处于 0.6—0.7,属于中高度协调耦合,并且一直呈现上升趋势,向高度耦合协调阶段过渡。

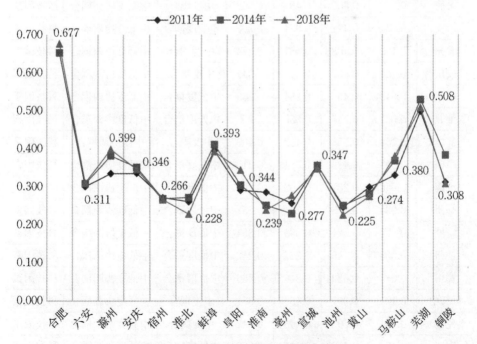

图 5-4 安徽省 16 个地市耦合协调度情况

芜湖市耦合协调度仅次于合肥,2011—2018年耦合协调度一直略高于0.5,处于中高度耦合协调阶段,比较平稳,但后续进一步向上提升的难度较大。滁州、阜阳、马鞍山耦合协调度均略低于0.4,处于中低度耦合协调阶段,后续可能向上突破,向中度耦合协调度阶段过渡。淮北、淮南、黄山、亳州等地市耦合协调度处于最低水平。总体看来,皖北区域科技创新与经济发展耦合协调度整体低于皖南区域。各地市耦合协调度处于上升趋势,逐步向更高阶段协调耦合过渡,安徽省两系统的耦合协调性逐渐变好,两者之间存在积极的相互作用,上升的空间较大。但在中间年份有些地市出现下降趋势,这与各地区的社会环境、经济结构、企业发展、创新能力等因素相关。

本书编写组将安徽省16个地市数据均值与耦合协调度标准相比较,划分所处的耦合阶段及耦合协调类型,找出影响各地区发展的主要制约因素,具体如表5-9所示。

表5-9 安徽省16个地市科技创新与经济发展耦合度及耦合协调度

地区	创新指数	发展指数	耦合度	耦合协调度	耦合阶段	耦合协调类型	制约因素
合肥	0.952	0.805	0.498	0.662	中度耦合	中高度协调耦合	经济因素
六安	0.072	0.492	0.334	0.307	中低度耦合	中低度协调耦合	科技因素
滁州	0.160	0.488	0.431	0.374	中度耦合	中低度协调耦合	科技因素
安庆	0.124	0.457	0.410	0.345	中度耦合	中低度协调耦合	科技因素
宿州	0.045	0.463	0.284	0.269	中低度耦合	中低度协调耦合	科技因素
淮北	0.051	0.346	0.335	0.258	中低度耦合	中低度协调耦合	科技因素
蚌埠	0.184	0.558	0.432	0.400	中度耦合	中度协调耦合	科技因素
阜阳	0.093	0.426	0.384	0.315	中低度耦合	中低度协调耦合	科技因素
淮南	0.066	0.281	0.392	0.261	中低度耦合	中低度协调耦合	科技因素
亳州	0.034	0.513	0.241	0.257	中低度耦合	中低度协调耦合	科技因素
宣城	0.120	0.521	0.390	0.354	中低度耦合	中低度协调耦合	科技因素
池州	0.028	0.486	0.227	0.242	中低度耦合	中低度协调耦合	科技因素
黄山	0.043	0.622	0.246	0.286	中低度耦合	中低度协调耦合	科技因素
马鞍山	0.171	0.397	0.459	0.361	中度耦合	中低度协调耦合	科技因素
芜湖	0.464	0.593	0.496	0.512	中度耦合	中高度协调耦合	科技因素
铜陵	0.124	0.413	0.421	0.336	中低度耦合	中低度协调耦合	科技因素

从空间分布来看,第一,安徽省整体耦合协调度水平有所上升,科技创新与经济发展之间的耦合作用逐渐增强。但是,大部分地区耦合协调度仍然偏低,处于较低度耦合协调阶段。第二,合肥市、芜湖市已经达到中高度协调耦合阶段,蚌埠市处于中度协调耦合阶段,绝大多数地市处于中低度耦合协调阶段。第三,安徽省在以后协调发展中,应注重合肥作为中心城市所发挥的辐射带动作用,促进安徽省整体实力持续发展。第四,整体上,安徽各个地市耦合协调度仍然处于中低度耦合协调阶段,好在安徽省的整体耦合协调发展水平趋于上升趋势,应着力发展科技创新,增强安徽省经济质量与效益,促进区域科技创新与经济发展耦合协调发展,形成以合肥市为中心的"中心-外围"空间发展格局。

5.4 跨城市科技创新合作与区域高质量经济发展

5.4.1 安徽跨城市科技创新合作现状统计分析

通过对安徽省16个地市合作专利授权量数据的统计分析,发现安徽省跨城市科技创新合作主要呈现以下几个主要特点:

一是安徽省跨城市科技创新合作总体起步较晚,但合作趋势增强。2011年,安徽省跨城市合作专利授权数量仅为111个,其中合肥市为57个,占全省的51.35%,其余地市全年跨城市合作专利授权量均不超过10项。自2012年起,安徽省跨城市合作专利授权量开始出现大幅增长;2016年,全省跨城市合作专利授权量达2371项,相比2011年增长21倍;2018年,全省跨城市合作专利授权量虽相比2016年有所下降,但相比2011年增长15倍,达1729项。同时,安徽省大部分地市的跨城市合作专利授权量均处于上升趋势,仅有蚌埠、池州等合作趋势增长相对平缓,如图5-5所示。

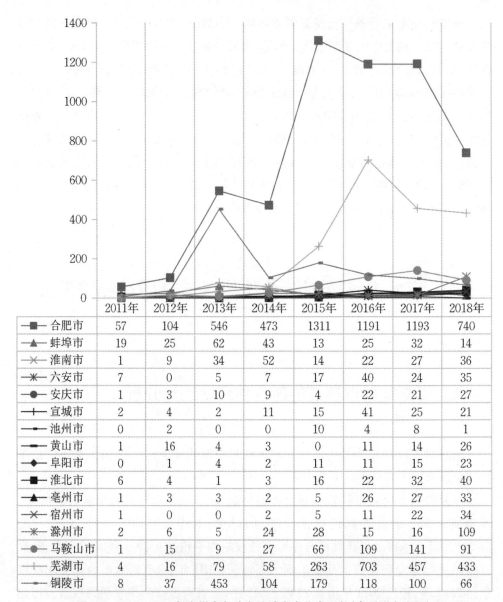

图5-5 2011—2018年安徽省各地市跨城市合作专利数(书后附有彩图)

二是安徽省跨城市科技创新合作区域差距较大,但龙头效应明显。比较2011—2018年安徽省16个地市跨城市合作专利授权量数据可以看出,安徽省各地市的跨城市科技创新合作处于不同发展阶段。其中,绝大部分地市科技创新合作仍处于起步阶段。2018年,蚌埠、淮南、六安、安庆、宣城、池州、黄山、阜阳、淮北、亳州、宿州等11个地市跨城市合作专利授权量虽相比2011年有较大增长，但总量均在40项以下，仍不及2011年合肥市水平。另一方面，合肥、芜湖等地市龙头效应明显，其中，合肥市跨城市合作专利授权量一直位于全省首位，且占全省比例长期高达40%以上；同时，芜湖市近年来增长迅速，2011年芜湖市跨城市合作专利授权量占全省比例仅为3.6%，截至2018年，芜湖市跨城市合作专利授权量占全省比例已高达25.04%，成为安徽省跨城市科技创新合作的"第二极"（图5-6）。此外，在合肥与芜湖的引领下，滁州、马鞍山、铜陵等地市成为安徽省跨城市科技创新合作的中坚力量，2014—2018年平均跨城市合作专利授权数突破100项。由此，当前安徽省跨城市科技合作总体出现3个发展梯队。

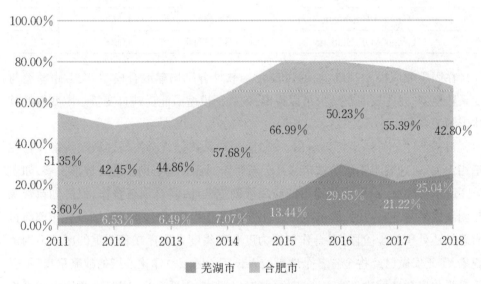

图5-6 2011—2018年合肥市与芜湖市跨城市合作专利占全省比例

5.4.2 跨城市科技创新合作对区域经济增长关系影响分析

本部分运用Eviews软件对面板数据进行分析，并严格遵循计量经济学分析步骤及要求。通过Pedroni方法对自变量与因变量进行协整检验可知，PP与ADF统计均显示拒绝原假设，即2011—2018年，安徽省跨城市科技创新合作与经济增长的面板数据之间存在协整关系，如表5-10所示。

表 5-10 Pedroni 方法协整检验结果

Alternative hypothesis: common AR coefs. (within-dimension)	统计量	概率	加权统计量	概率
Panel v-Statistic	−0.954469	0.8301	−2.951598	0.9984
Panel rho-Statistic	1.459899	0.9278	2.182767	0.9855
Panel PP-Statistic	−7.048920	0.0000	−7.412159	0.0000
Panel ADF-Statistic	−4.425534	0.0000	−3.651178	0.0001
Alternative hypothesis: individual AR coefs. (Between-dimension)	统计量		概率	
Group rho-Statistic	2.903924		0.9982	
Group PP-Statistic	−11.77103		0.0000	
Group ADF-Statistic	−5.798115		0.0000	

在固定效应模型基础上，通过 Eviews 软件分别构建混合模型、变截距模型与变系数模型，并比较回归结果可以得出，变截距模型最能反映自变量与因变量的具体影响关系。

根据上述分析结果可以看出，安徽跨城市科技创新合作与区域经济增长存在正相关关系，这表明安徽跨城市科技创新合作的提升将有助于地区经济发展，如表 5-11 所示。因此，安徽省各地市间应积极创造条件，联合创新合作，促进创新资源与创新成果共享。同时，通过本部分分析我们也可以知道，安徽跨区域合作创新目前总体还处于初步阶段，在合作创新力度和密集度上均存在着严重的区域不均衡现象，鉴于安徽已经将全省各个地市纳入长三角区域一体化发展的战略格局，不仅需要强化安徽区域内部各个地市之间的区域科技创新合作，同时也要积极融入长三角科技创新体系，吸收借鉴优势地区的制度体系建设经验，加大政策扶持力度，特别注重重大科技创新项目和工程的合作，鼓励跨区域的科技创新与合作，培养和吸引科技创新人才队伍，这样才能巩固优势地市的地位，带动和扶持弱势地市，从而促进安徽高质量经济的进一步发展和提升。

表 5-11 安徽省跨城市科技创新合作与区域经济增长线性回归结果

变量	系数	标准误	T统计量	概率
c	6.708601	0.036024	186.2239	0.0000
创新合作	0.125379	0.017239	7.272932	0.0000
分析结果				
R平方	0.949722	因变量均值		8.956381
调整R平方	0.941911	因变量标准差		3.564821
回归标准差	0.158865	残差平方和		−8.417117
F统计量	121.5997	D-W统计		1.564034
概率(F统计量)	0.000000			

5.5 关于区域科技创新能力提升的主要研究结论

经过多年的厉兵秣马与发展,安徽省2018年在全国31个省、直辖市科技创新综合排名中位列第七名,超越上海市0.5个点,与排名第六的湖北省得分仅差0.2个点,稳居中部六省第二位置,与湖北省可以说并驾齐驱。本书的研究对象是安徽区域科技创新与经济发展关系,研究的目的是了解安徽区域科技创新能力的总体特征及其对安徽高质量经济发展的影响效应,以便于更充分地认识当前安徽区域科技创新政策的改进方向和努力目标,从而为制定正确的科技发展政策和高质量经济发展策略建议提供参考。本书的主要研究结论如下:

第一,安徽省近些年在创新领域已实现了跨越式成长,2018年位居全国第七位,且有持续向好的趋势,但与优势地区如江苏、广东、浙江等差距仍较大。在与长三角区域其他先进省份对比中,安徽省创新能力位列长三角末位,且安徽区域内部差异显著,科技发展水平内部存在严重的区域发展不平衡现象。同时,在中部地区对比中,安徽省近些年来进步明显,总体创新能力仅以微小差距落后于临近省份湖北,有赶超的趋势。在与周边省份相比创新能力具有优势的状况下,安徽省仍存在较为严重的人才流失问题,如何避免优质人才的流失和吸引高端人才的加入也是一个值得关注的问题。另外,随着近年来安徽省一系列科技项目落地,包括合肥成为综合性科学中心,涌现包括"量子科技""芯片产业"在内的一批先进科技成果,此时如何更好推动这些优秀成果转化成为发展的新问题。

第二,安徽整体科技创新能力格局总体保持稳定,如何保证科技创新发展势头,是一个值得关注的问题,另外值得注意的是,安徽区域内部各个地市科技创新能力存在明显的差距。合肥、芜湖等长期是安徽省科技创新的标杆,远领先于其他地市。滁州、安庆、蚌埠、宣城、马鞍山等地市是安徽科技创新的中坚力量,且长期在全省创新能力建设中表现平稳。其他地市创新能力则相对较弱,并长期处于较低水平,尤其与合肥、芜湖的差距非常明显。如何发挥合肥和芜湖的带头示范效应,引领科技创新落后地市,是一个值得关注的问题。另外,在科技创新的短板方面,安徽在科技创新产出方面表现一般,未来应注重发挥安徽优质的科技创新平台及资源作用,鼓励和支持科研院所及企业促进科技成果转化,打造支撑安徽科技创新发展的新兴产业。

第三,安徽省及各地市经济高质量发展相对状况长期保持稳定,合肥、黄山、芜湖、蚌埠一直处于安徽省经济高质量发展的前列,淮北、淮南、阜阳等地市近年经济高质量发展水平则相对滞后;此外,滁州、六安近年来经济高质量发展较为明显,相对排名有一定提升,而铜陵、池州经济高质量发展排名则相对下滑。但总体而言,安徽省各地市经济高质量发展相对较为均衡。这里需要说明的是,高质量经济发展评价指数排名考虑更多的是各个高质量经济发展指标的合理性和均衡性,如更多的权重被赋予到经济绿色发展上,因此与聚类分析的结果存在差异性是合理的。但从各个高质量发展指标的绝对数值上来看,合肥作为省会在经济高质量发展上明显强于其他地市,芜湖市及马鞍山市属于第二梯队,经济发展水平虽不如合肥,但是较其他地市也较为突出。而其他地市均属于第三梯队,可见安徽省各个地市在经济发展方面发展很不均衡,大多数地市经济发展情况较差,且与第一梯队及第二梯队地市差异较大。

第四,安徽科技创新能力与经济高质量发展之间的具有高度的相关性,从二级指标来看,结果也是一致的,安徽区域科技创新的三个要素(科技创新投入、科技创新产出和科技创新环境)对经济增长都有较好的正向效应,即区域科技创新能有效地促进高质量经济增长,这与安徽省的实际情况是相符合的。在区域科技创新的三个要素中,创新环境对经济增长的正向效应最大,创新环境每增加1个单位,经济(高质量经济发展)增长0.666个单位,所以各个地市的创新基础设施建设、融资能力和创新扶持补助支持等制度建设对区域经济的增长起着至关重要的作用。科技创新投入的回归系数为0.362,所以加大技术投入,能明显带动区域经济增长。科技创新产出的回归系数为0.219,对经济增长也有一定促进作用。

第五,安徽省整体耦合协调度水平有所上升,科技创新与经济发展之间的耦合作用逐渐增强。但是,大部分地区耦合协调度仍然偏低,处于较低度耦合协调阶段。合肥市、芜湖市已经达到中高度协调耦合阶段,蚌埠市处于中度协调耦合阶段,绝大多数地市处于中低度耦合协调阶段。安徽省在以后协调发展中,应注重合肥作为中心城市所发挥的辐射带动作用,促进安徽省整体实力持续发展。整体上,安徽各个地市耦合协调度仍然处于中低度耦合协调阶段,好在安徽省的整体耦合协调发展水平趋于上升趋势,应着力发展科技创新,增强安徽省经济质量与效益,促进区域科技创新与经济发展耦合协调发展,形成以合肥市为中心的"中心-外围"空间发展格局。

第六,安徽省跨城市科技创新合作总体起步较晚,但合作趋势增强。另外,安徽省跨城市科技创新合作区域差距较大,但龙头效应明显。可以看出,安徽省各地市的跨城市科技创新合作处于不同发展阶段,绝大部分地市科技创新合作仍处于起步阶段。在合肥与芜湖的引领下,滁州、马鞍山、铜陵等地市成为安徽省跨城市科技创新合作的中坚力量。最后,安徽跨城市科技创新合作与区域经济增长存在正相关关系,这表明安徽跨城市科技创新合作的提升将有助于地区经济发展。因此,安徽省各地市间应积极创造条件,联合创新合作,积极融入长三角一体化发展战略,促进省外区域合作创新与省内跨区域合作创新双并举,促进创新资源与创新成果共享,共同引领和支撑安徽高质量经济发展。

6 提升区域科技创新的政策建议

6.1 区域科技创新环境优化对策

本部分基于科技创新环境评价结果,深挖每个维度的潜在增长点,从营商环境、产业环境、人才环境、金融环境和研发环境5个维度,分别提出安徽省科技创新环境优化的对策与建议。

6.1.1 进一步优化营商环境,激发科技创新主体活力

6.1.1.1 持续优化创新服务,加快构建"亲、清"的政商关系

建立常态化政企沟通渠道,主动为市场主体解决实际困难,构建和谐的政企关系。减少行政干预,厘清政府部门的职能边界和企业的经营边界,把应当由市场通过竞争方式进行调节的事项交给市场。在制定涉企政策时要深入调研、广开言路、多方论证,把落实纾困政策、优化涉企服务、维护企业权益、助推企业发展等作为经济工作的重中之重,把企业发展的痛点、堵点、难点作为持续改进服务的重点。

6.1.1.2 持续加大财政科技投入,探索多元化政府支持机制

加大财政资金引导科技创新投入力度,保证其增长比例不低于公共财政预算支出增长比例。创新财政科技投入方式,综合运用无偿资助、财政后补助、政府采购、风险补偿、股权投资等多种投入方式,让各类创新活动和创新链的各个环节都能得到政府资金的支持,带动社会资源向创新链的各个环节集聚,形成与创新链紧密关联的资金链。对于政府引导企业开展的科研项目,更多地运用财政后补助、间接投入等方式,支持企业自主决策、先行投入,开展研发攻关。

6.1.1.3 深化"放管服"改革,激发市场主体的商业活力

继续深化"放管服"改革,深入推进简政放权。全面实施市场准入负面清单制度,支持企业更好参与市场合作和竞争,要做到向市场放权、给企业松绑、让群众便利,要严格限制行政管理自由裁量权,对企业慎用查封、扣押和冻结等强制措施,严禁乱检查、乱摊派、乱收费等行政乱象,严禁通过干预司法插手民商事纠纷。简化行政审批手续,放宽工商注册限制。精简涉企审批事项和环节,压缩前置关口,加快推进"多证合一""多规合一"改革。放宽小微企业、个体工商户登记经营场所限制。此外,应重视数字化政务建设,提升政府服务效能。大力推行政务服务"皖事通办"平台,深度融合线上线下服务,提升政务服务规范化、便利化、智慧化水平,为市场主体提供规范、阳光、高效的政务服务。

6.1.2 进一步夯实产业环境,培育科技创新增长潜力

6.1.2.1 助力工业企业做大做强,夯实产业基础

强化精准扶持,加快培育规模以上工业企业。实施企业升级培育工程,围绕产业链条延伸和重点培育方向,大力实施规模以上企业增长计划,优选一批重点培育企业和中小潜力企业,给予全方位支持。

大力发展"专精特新"工业企业。积极开展促进中小企业"专精特新"发展工作,规范认定标准,完善推进措施,探索培育方式,细化工作目标,支持"专精特新"产品、技术的研发和产业化。通过引导更多中小企业走"专精特新"发展之路,进一步完善产业链,增强产业竞争力,促进区域经济社会协调发展。

6.1.2.2 推动高新企业快速发展,着力扬皖所长

发挥创新优势,实施产业集群建设专项行动。建立实施重大新兴产业基地竞争淘汰机制。加快建设新型显示、集成电路、新能源汽车和智能网联汽车、人工智能、智能家电等世界级战略性新兴产业集群。扩大新能源汽车和智能网联汽车先发优势,深化新型显示、集成电路全产业链发展,提升自主可控能力。

布局前沿科技,打造量子科技产业"金字招牌"。以综合性国家科学中心建设为契机,围绕量子通信、量子计算、量子精密测量等领域,强化基础研究,加快推进量子信息与量子科技创新研究院建设,积极打造量子创新技术策源地。

大力发展数字经济,以智能制造引领制造业转型升级。引入最新的数字化技术,构建产业数字化平台。充分运用大数据、云计算、人工智能、物联网等新兴信息技术对商业模式和产品服务进行升级,推广应用工业机器人,培育数字化车间、智能工厂。

6.1.3 进一步提升人才环境,增强科技创新内在动力

6.1.3.1 吸引高校人才创新创业,筑牢人才储备"蓄水池"

发展教育事业,提高省内高校人才储备规模。进一步提升省内教育经费的投入,落后地区要着重完善高等教育,增加大学生人数,增加本土人才储备。同时,重视本土人才的流失现象,重视高校人才就业指导,鼓励省内高校人才落户本地。

强化政策引导,吸引省外高校人才来皖创新创业。加强创新创业政策宣传,增强省外毕业生来皖就业倾向。扶持一批大学生创新人才在皖创新创业,持续加大对学生自主创业的支持力度。加强产业政策引导,增强产业结构优化对高校毕业

生的吸引力与凝聚力。聚焦安徽省重点产业和战略性新兴产业,打通人才引进和产业需求通道,实现人才的有序流动和优化配置。

6.1.3.2 加强科研人才团队建设,打造高端人才"强磁场"

制定高端人才激励计划,打造一流人才生态环境。制定实施新阶段江淮人才政策,支持建设一批创新型人才集聚平台和高层次科技人才团队。完善首席科学家、岗位管理、科研人员股权激励、柔性引才等制度政策,健全以创新能力、质量、贡献为导向的科技人才评价体系,努力使各类人才引得来、留得住、用得好。加强战略科技人才、科技领军人才、青年科技人才和基础研究人才培养引进,壮大高水平工程师和高技能人才队伍。

不断优化高层次人才发展环境,营造宽松的创新创业氛围,完善创新人才工作和生活条件,扩大创新人才的培育集聚效应。聚焦战略性新兴产业、优势主导产业、现代服务业和现代农业等重点产业领域人才需求,推进创新人才与产业发展的深度融合,不断吸引和集聚国内外高端创新资源和人才,做到引育高端创新人才、集聚高端要素和发展高端产业的有机统一。

6.1.3.3 完善从业人才体系建设,锻造服务人才"助推器"

建立学历教育和职业培训相结合的人才培养体系。深化高校与科技型企业培训合作,为科技服务业发展培养一批懂技术、懂市场、懂管理的复合型科技服务高端人才。依托科协组织、行业协会打造人才引进、培训服务平台,组织开展科技服务机构管理人员和专业技术人员的业务培训,为企业及社会培训各类科技服务人才。同时,加强科技服务业从业资质认定与管理工作。通过实行资质认证规范专业化科技人才准入,促进科技服务机构人员的专业化发展。

6.1.4 进一步完善金融环境,丰富科技创新外部推力

6.1.4.1 推进多元化金融服务体系创新,扩大融资规模

完善科技企业信贷体系,支持金融机构加大科技信贷投入。鼓励和引导金融机构将信贷资源向科技创新领域倾斜,优先满足重大科技专项项目的融资需求,积极支持先进制造业新建项目和技术改造项目,提升制造业中长期贷款业务占比;支持创新联合体建设,积极对接中小微科技型企业梯度培育计划,加大信用贷、首贷、续贷支持力度。鼓励银行业金融机构在皖试点设立科技信贷专营事业部,进一步推动银行业金融机构设立科技支行,研究单列科技信贷专营事业部和科技支行的信贷奖励与信贷风险补偿政策。

支持保险资金为科技创新企业提供资金融通道。推进保险资金与创业投资引导基金和天使投资引导基金合作,鼓励保险资金通过投资创业投资基金、设立私募股权投资基金,或与国内外成熟的基金管理公司合作等方式,服务成长阶段的科技创新企业。鼓励保险资金投资"创业苗圃—孵化器—加速器"科技创新创业孵化链条建设,筛选具有较好成长性的科技创新企业,开展长期股权、债权投资。

构建区域科技金融合作平台。围绕科技创新创业链优化科技金融布局,推出一批新产品、新服务、新政策,增强科技金融创新动能;积极推进"互联网+成果转化+科技金融",培育一批新项目、新业态、新模式,抢占科技金融行业领域制高点;分层分级建设覆盖省、市、县的科技金融服务平台,打通科技金融连接管道,形成企业与长三角地区银行信贷、资本市场间联动机制;合作撬动社会资本资源要素,吸引行业外新主体、国际化新资本,拓展科技金融发展空间。

6.1.4.2 发挥多层次资本市场支持作用,拓展融资渠道

鼓励科技创新企业多渠道开展直接融资。支持科技创新企业发行公司债、企业债、短期融资券、中期票据、中小企业私募债、小微企业增信集合债等债务融资工具。支持科技创新企业通过资产证券化方式盘活存量资产,拓宽融资渠道。鼓励符合条

件的科技创新企业通过上海证券交易所、深圳证券交易所、北京证券交易所、全国中小企业股份转让系统、区域性股权市场等多层次资本市场开展直接融资、并购交易。

6.1.5 进一步强化研发环境,凝聚科技创新生态合力

6.1.5.1 强化创新平台建设,提升原始创新能力

一是加强省内科技创新策源地建设。全面实施国家实验室建设专项推进行动,努力打造"航母级"科技创新平台。以合肥综合性国家科学中心、合肥滨湖科学城、合芜蚌试验区、皖江示范区、全创改试验省等创新主平台为抓手,把重大创新平台载体建设作为安徽打造科技创新策源地有效举措,争创落实国家实验室和国家级工程技术研究中心,推进新型研发机构和大科学装置建设,扩容实施科技创新攻坚计划。充分发挥合肥综合性国家科学中心对安徽科技创新的引领带动作用,实现关键共性技术、前沿引领技术和颠覆性技术新突破,努力提升安徽原始创新能力,努力把安徽打造成在全国乃至全球具有重要影响力的原始创新策源地。

二是加强长三角区域协同创新共同体建设。协同加大长三角区域科技攻关力度,实施国家战略科技任务和区域科技创新攻关计划,推进合肥与上海张江"两心共创",加快构建长三角科技创新共同体,建设全球技术交易大市场和国际化开放型创新功能平台,升级区域科技资源共享服务平台。

6.1.5.2 加快科技成果转化,推进产业创新发展

一是强化科技成果转化平台建设。以政府引导、市场主导,充分发挥市场和政府作用,打造主要面向市场和应用的科技成果转化平台,积极构建安徽科技成果转移转化机制。支持领军企业组建体系化、任务型创新联合体,落实鼓励企业增加研发投入政策,通过税收、企业财务、资产管理等政策,为企业技术创新和科技成果转化营造良好的政策环境。支持企业与高校共建研发平台,组织实施重点产学研合作项目。强化基础研究、应用研究、成果转化与产业化的衔接,推动"政产学研用"融合发展向长期化、系统化、实体化转变。扩大技术转化小试和中试基地布局,加

快省级以上科技企业孵化器和众创空间建设。

二是推动创新优势向产业优势转化。瞄准世界科技前沿和产业制高点,聚焦"卡脖子"领域,聚力安徽主导产业链关键领域的创新,充分发挥安徽科技创新资源集聚优势,协同推动原始创新、技术创新和产业创新,加快形成具有全国影响力的科技创新和制造业研发高地。围绕产业链强化创新链,围绕创新链布局产业链,围绕创新链部署资金链,形成"科技+产业+金融"助力安徽科技成果转化的良好格局,积极培育新兴产业,推动安徽创新优势转化为产业优势。

6.1.5.3 构建创新生态系统,改善创新支撑条件

创新生态系统是指由企业、高校、科研院所、政府以及金融、中介服务机构等所构成的相互依赖、共生演进、充满活力的动态平衡网络体系。良好的创新生态系统,能够有效集聚和整合人才、技术、资本等创新要素,系统内的创新要素能够自由流动、高效配置,能够持续激发各类创新主体积极性、主动性和创造性。安徽应立足创新需求和创新规律,加快构建形成以科技创新为核心、多领域互动、多要素联动的安徽创新生态系统,在激活创新主体、强化政策保障、聚合创新要素、优化创新环境等方面持续发力,为打造具有重要影响力的科技创新策源地提供有力支撑。应坚持市场主导、政府引导,坚持以企业为主体,积极开展多种形式的"政产学研金服用"合作,持续增加科技创新投入,充分调动高校和科研院所的创新资源,加快推动成果转化和应用。

6.2 区域科技创新能力提升对策

6.2.1 加大科技创新投入,优化创新要素资源配置

安徽省经济水平总体上在全国与发达地区相比还有相当差距,科技创新能力

在全国排名靠前,但与发达地区相比仍有较大提升空间。必须进一步加大科技创新的整体投入力度。要增加财政科技支出比例,注重引导社会资本投资科技创新,参与科技项目基础设施建设;加大对科研机构、高校的科研经费支出,加大对重点科技前端项目的支持力度,拓宽科研项目研究范围,促进科研成果产出;发挥企业在技术创新中的主体作用,使企业成为创新要素集成、科技成果转化的生力军,打造科技、教育、产业、金融紧密融合的创新体系。引导金融机构积极参与科技创新,运用多元化方式增加对中小企业的信用贷款,支持中小企业科技创新产出与应用,形成多样化的科技投入体系;有针对性地增加科技创新投入要素,注重各投入要素的比例,防止出现过度投入某个单一要素的现象,优化要素资源配置,提升区域科技创新效率,加快经济发展速度。

6.2.2 加强创新人才教育培养,全面激发创新创造活力

科技创新需要大量的人才储备,发展教育事业是培养创新人才的必然选择。要不断加大教育经费的投入,落后地区要着重完善高等教育,增加大学生人数,增加人才储备,同时重视本土人才的流失现象,鼓励高校毕业生落户本土,增加本土科技人才供给;加快现代网络技术在教育领域的应用,促进现代远程教育的快速发展;加大企业与高校科研院所的合作,利用高校的人才培养优势,培养科技创新人才,提高科技创新人才的知识素养与自主创新能力,充分发挥创新人才的作用,扩大创新成果产出;加强对创新人才的定时培训力度,使其接收到最新技术信息,推动科技创新能力持续发展。同时,要注重创新人才引进,着重加强对高层次人才与紧缺人才的引进,通过制定各项引进政策,在培养保留本地人才的同时加大对外来人才的引进力度。通过人才储备,实现区域科技创新发展的可持续性,促进区域经济可持续发展。

6.2.3 注重创新技术引进,提高自主创新能力

安徽省总体经济发展与科技创新水平耦合性处于中等水平,需要扶持战略新型产业和前端核心技术产业在安徽产业中的占比并提升其在经济增长中的贡献

度。结合安徽省发展现状,应该注重利用后发优势,通过引进进口设备、吸引外商投资、建立技术联盟与吸引外援等方式大幅度缩短技术创新周期,降低企业生产成本,增强科技创新能力;在注重技术引进的同时开展技术培训,积极融入长三角一体化发展,构建和积极参与重大科技创新合作,加强推动集成创新和二次再创新,鼓励形成自主创新与合作创新共存的技术发展模式;加大基础研究投入,要加大财政投入力度,同时要引导企业和金融机构以适当形式加大支持力度,鼓励社会以捐赠和建立基金等方式多渠道投入,扩大资金来源,形成持续稳定投入机制。对开展基础研究有成效的科研单位和企业,要在财政、金融、税收等方面给予必要政策支持。要创造有利于基础研究的良好科研生态,建立健全科学评价体系、激励机制,鼓励广大科研人员解放思想、大胆创新,让科学家潜心搞研究。注重发挥企业的主体作用,鼓励企业积极适应市场需求进行创新与改造,加强企业与高校、科研机构的合作、学术交流和资源开发共享,提高自主创新能力,加强科技创新成果的产出与应用,提升区域科技创新能力,增强区域经济竞争力。

6.2.4 增强科技产业耦合,推进新兴产业发展

要通过改造科技产业,实现科技产业耦合,推动新兴产业的快速发展。面临新一轮科技革命与产业革命,要抓住发展机遇,加强企业等创新主体的技术创新与引进,加快企业创新成果快速转化与应用;在巩固产业优势、扩大产业规模的基础上,明确科技创新的主导方向,强化系统集成和技术研发,发展新技术、新产品、新业态、新模式,培育发展产业带动能力强的新兴产业,形成新的经济增长点;加强高技术产业与传统产业的科技融合,发挥新兴产业的带动作用,为经济转型升级和供给侧结构性改革提供强大驱动力;要抓住产业数字化、数字产业化赋予的机遇,加快5G网络、数据中心等新型基础设施建设,抓紧布局数字经济、生命健康、新材料等战略性新兴产业、未来产业,大力推进科技创新,着力壮大新增长点、形成发展新动能。通过制定推动科技创新与产业发展耦合的规范性制度,引导创新资源向实体经济投入,精准对接科技需求,加强科技成果供给产出,推动新兴产业的进一步发展。

6.2.5 依靠改革激发科技创新活力,营造创新发展营商环境

创新生态环境对创新活动具有潜在的巨大影响,某种程度上这种影响甚至是决定性的,要加强对创新生态环境的保护与治理,特别是注重优化营商环境,鼓励和吸引具有产业带动效应的企业加入安徽的创新发展。科技创新的发展需要政策的支持,要通过政策引导,培养创新人才的创新、创业和敬业精神,积极优化科技创新环境,营造创新发展的良好氛围。政府要加快科技管理职能转变,把更多精力从分钱、分物、定项目转到定战略、定方针、定政策和创造环境、搞好服务上来。要加快推进科研院所改革,赋予高校、科研机构更大自主权,给予创新领军人才更大技术路线决定权和经费使用权,坚决破除"唯论文、唯职称、唯学历、唯奖项"。要整合财政科研投入体制,改变部门分割、小而散的状态。要充分发挥企业家精神,促进企业等创新主体自主创新,提升创新能力;加强对创新创业的支持,鼓励建设创业园区,完善基础设施等硬件要素,优化科技创新环境,促进科技创新与经济健康发展。

6.2.6 发挥辐射带动作用,促进区域协调发展

安徽省区域跨度大,各地区科技创新水平与经济社会发展水平差异较大。合肥市及芜湖市作为安徽省中心城市,经济与科技发展水平均居省内首位,应充分发挥辐射作用,带动周边地区创新发展。要通过对周边地区进行技术援助与人才输送的方式,加快地方企业科技成果转化速度;通过提供市场去带动周边地区产业的发展以及在周边地区扩建企业分部,提高周边地区经济发展能力。同时,合肥及芜湖地区的发展水平最高,应充分发挥其在对外贸易方面的龙头作用,扩大对外开放程度,带动周边地区贸易发展;利用中心城市的辐射影响作用,大力发展地区特色产业,充分发挥地区比较优势,进一步优化产业技术,推动创新要素聚集和产业集聚发展,形成特色产业集群,促进产业链和创新链深度融合,打造技术与产业快速融合发展的地区产业创新模式,促进科技创新与经济发展的耦合协调发展。另外,需要积极关注和支持具有明显发展势头的区域如滁州、六安、亳州等地区,同时积

极扩大跨城市之间的科技合作创新,以技术促发展,以发展反哺技术创新,提升科技创新与经济发展之间的耦合协调性。

6.3 面向2035安徽省科技发展思路与体制改革政策建议

面向2035安徽科技发展需要从三个大的方面着手:第一个方面需要大力发展通用技术,进一步提升经济发展规模和发展质量,实现传统行业的技术升级和跨越,淘汰落后产能,实现低碳高效和绿色发展。第二个方面需要重点发展高新技术产业和高端装备制造业,打破国外在相关核心技术领域的垄断地位,拥有自己的核心知识产权,不断完善高新技术领域发展的各个基础技术环节,有底气有能力应对高新技术领域的任何挑战,真正做到独立自主。第三个方面需要重视教育和培养人才,营造良好的科技创新土壤,让广大的科技工作者可以充分发挥各自的潜力,不断提升我国的科技创新实力和竞争力。

面向2035安徽科技体制改革主要瞄准培育科技创新土壤,活跃科技创新氛围,完善各类科技人才和科技项目的管理,充分激发各类人才在各个阶段的创新活力。具体措施包括:

(1) 鼓励跨区域合作创新,建立鼓励跨区域合作创新的保障机制,如创新合作成果绩效按照合作单位数量(或贡献度)平均分配,而不仅仅以排名第一单位为主要接受分配的主体。

(2) 不断完善和改革现有的人才考评机制,比如针对"四唯"现象需要加以抵制,建立科学的分类人才考评机制(根据不同行业和方向指定各自的细分准则)。

(3) 取消个人待遇与人才头衔挂钩,将各种人才"帽子"定位为一种荣誉,而不应该与个人收入以及其他项目申请相关联。

(4) 加大科技项目分类管理和分类考评机制,建立严格的奖惩机制,加强科研诚信建设。

(5) 加强企业与高校合作,充分发挥企业和高校各自的优势,不断完善产学研制度建设,打通科技转化的链条,形成良性循环。

（6）加强知识产权保护，建立严格的专利申请审查机制，提升知识产权局从业人员的专业素质，针对知识产权的各个方向聘请相关领域的权威专家组成咨询团队。

（7）建立本省自己的高水平期刊，鼓励科研人员将优秀的科研成果发表于省内/国内期刊，杜绝唯论文的人员晋升机制。

（8）加强高级工程师队伍建设，鼓励科研院所利用自制和自研仪器装备开展科学研究，不断缩减项目中的科研仪器购买费的比例。

（9）加强科技宣传报道队伍建设，科技报道队伍需要有一定的科技背景，能够对相关研究成果的意义有最基本的判断，科技报道需要实事求是，杜绝夸大其词、过度宣传而误导普通民众。

总之，安徽省在后续的发展中，要更注重经济发展的质量，依托科技创新来支撑经济的高质量持续稳定发展，需要大力发展通用技术，进一步提升经济发展规模和发展质量，实现传统行业的技术升级和技术跨越，淘汰落后产能，实现低碳高效和绿色发展。需要重点发展高新技术产业和高端装备制造业，打破国外在相关核心技术领域的垄断地位，拥有自己的核心知识产权，不断完善高新技术领域发展中的各种基础技术环节，有底气、有能力应对高新技术领域的任何挑战，真正做到独立自主。需要重视教育和培养人才，营造良好的科技创新土壤，让广大的科技工作者可以充分发挥各自的潜力，不断提升安徽省的科技创新实力和竞争力。最后，应积极打造良好的营商环境，加强营商环境治理，让安徽成为先进企业和产业青睐的好娘家！

附录　安徽省区域创新与经济高质量发展专家评分表

一、填表说明

请专家们根据以下准则对下面表格中各因素的相对重要程度做出比较,并按1—9比例标度。

标度	相对比较(就某一准则而言)
1	一因素与另一因素有同样重要性
3	一因素比另一因素稍微重要
5	一因素比另一因素明显重要
7	一因素比另一因素重要得多
9	一因素比另一因素绝对重要
2,4,6,8	需要在上述相邻两标度之间折中
上列各数的倒数	另一因素对原因素的反比

各指标相对重要性判断以下表为例:

如您认为"科技创新产出"比"科技创新投入"明显重要,则在下面矩阵表格的"第一列第二行"中填写5,此时矩阵对称位置就为1/5;"科技创新环境"比"科技创新投入"稍微重要,则在"第一列第三行"填写3,对称位置为1/3;"科技创新环境"比"科技创新产出"稍微不重要一些,则在"第二列第三行"填写1/2。

	科技创新投入	科技创新产出	科技创新环境
科技创新投入	1	1/5	1/3
科技创新产出	5	1	2
科技创新环境	3	1/2	1

二、科技创新各指标打分

请专家按照上述规则对科技创新模块进行判定:
科技创新能力判断矩阵:

	科技创新投入	科技创新产出	科技创新环境
科技创新投入	1		
科技创新产出		1	
科技创新环境			1

(1) 科技创新投入二级指标判断矩阵:

	研发人员数	R&D经费支出	国外技术引进金额	财政科技支出
研发人员数	1			
R&D经费支出		1		
国外技术引进金额			1	
财政科技支出				1

(2) 科技创新产出三级指标判断矩阵:

	发明专利申请受理数	技术市场成交额	新产品销售收入	科技论文数
发明专利申请受理数	1			
技术市场成交额		1		
新产品销售收入			1	
科技论文数				1

(3) 科技创新环境三级指标判断矩阵:

	财政教育支出占比	财政科技支出占比	在校大学生人数	R&B活动机构占比
财政教育支出占比	1			
财政科技支出占比		1		
在校大学生人数			1	
R&B活动机构占比				1

三、经济高质量发展各指标打分

相关背景介绍：结合五大发展美好安徽内涵，安徽高质量经济发展，是能够很好地满足人民日益增长的美好生活所需要的发展，是体现新发展理念的发展，是创新成为第一动力、协调成为内生特点、绿色成为普遍形态、开放成为必由之路、共享成为根本目的的发展。因此，本书从经济创新发展、协调发展、绿色发展、开放发展、共享发展5个方面构建安徽高质量经济发展评价指标体系。

现请专家按照上述规则对经济高质量发展模块进行判定：

经济高质量发展判断矩阵：

	经济创新发展	经济协调发展	经济绿色发展	经济开放发展	经济共享发展
经济创新发展	1				
经济协调发展		1			
经济绿色发展			1		
经济开放发展				1	
经济共享发展					1

（1）经济创新发展判断矩阵：

	地区生产总值	GDP增长率	规模以上工业增加值（增速）
地区生产总值	1		
GDP增长率		1	
规模以上工业增加值（增速）			1

(2) 经济协调发展判断矩阵：

	经济波动率	第三产业比重	常住人口城镇化率
经济波动率	1		
第三产业比重		1	
常住人口城镇化率			1

(3) 经济绿色发展判断矩阵：

	万元GDP能耗	单位地区产出SO_2排放量	单位地区产出废水排放量
万元GDP能耗	1		
单位地区产出SO_2排放量		1	
单位地区产出废水排放量			1

(4) 经济开放发展判断矩阵：

	外商实际直接投资/GDP	进出口总额/GDP
外商实际直接投资/GDP	1	
进出口总额/GDP		1

(5) 经济共享发展判断矩阵：

	人均GDP	城乡居民可支配收入	贫困发生率
人均GDP	1		
城乡居民可支配收入		1	
贫困发生率			1

参 考 文 献

[1] Hou B J, Hong J, Wang H, et al. Academia-industry collaboration, government funding and innovation efficiency in Chinese industrial enterprises[J]. Technology Analysis & Strategic Management, 2019, 31(6):692-706.

[2] Khedhaouria A, Thurik R. Configurational conditions of national innovation capability: A fuzzy set analysis approach[J]. Technological Forecasting And Social Change, 2017(120): 48-58.

[3] Shan D. Research of the construction of regional innovation capability evaluation system: Based on indicator analysis of Hangzhou and Ningbo[C]. 13th Global Congress On Manufacturing And Management, 2017:1244-1251.

[4] Castellacci F, Natera J M. The dynamics of national innovation systems: A panel cointegration analysis of the coevolution between innovative capability and absorptive capacity[J]. Research Policy, 2013, 42(3):579-594.

[5] Amir A F, Thiruchelvam K, Ng B K. Understanding the regional innovation support systems in developing countries: the state of Sabah in Malaysia[J]. International Development Planning Review, 2013, 35(1):41-66.

[6] 江苏省统计局, 国家统计局江苏调查总队. 2017年江苏省国民经济和社会发展统计公报[J]. 江苏省人民政府公报, 2018(5):64-74.

[7] 江苏省统计局, 国家统计局江苏调查总队. 2018年江苏省国民经济和社会发展统计公报[J]. 江苏省人民政府公报, 2019(4):49-63.

[8] 江苏省统计局, 国家统计局江苏调查总队. 2019年江苏省国民经济和社会发展统计公报[J]. 江苏省人民政府公报, 2020(6):54-68.

[9] 安徽省人民政府办公厅. 安徽省人民政府办公厅关于印发安徽省进一步优化营商环境更好服务市场主体工作方案的通知[J]. 安徽省人民政府公报, 2020(19):24-32.

[10] 安徽省人民政府办公厅. 安徽省人民政府办公厅关于印发安徽省聚焦企业关切进一步推动优化营商环境政策落实实施方案的通知[J]. 安徽省人民政府公报, 2019(2):41-48.

[11] 安徽省人民政府.安徽省人民政府关于创优"四最"营商环境的意见[N].安徽日报,2017-09-21(001).

[12] 安徽省人民政府.安徽省实施《优化营商环境条例》办法[N].安徽日报,2020-01-04(003).

[13] 安徽省统计局,国家统计局安徽调查总队.安徽省2017年国民经济和社会发展统计公报[N].安徽日报,2018-03-08(006).

[14] 安徽省统计局,国家统计局安徽调查总队.安徽省2018年国民经济和社会发展统计公报[N].安徽日报,2019-02-28(006).

[15] 安徽省统计局,国家统计局安徽调查总队.安徽省2019年国民经济和社会发展统计公报[N].安徽日报,2020-03-11(010).

[16] 白慧林.经济高质量发展视角下区域科技创新能力评价研究[D].北京:北方工业大学,2021.

[17] 包睿男.政府财税激励、新型政商关系与企业创新绩效[D].兰州:兰州大学,2021.

[18] 车德欣,吴传清,任晓怡,等.财政科技支出如何影响企业技术创新?:异质性特征、宏微观机制与政府激励结构破解[J].中国软科学,2020(3):171-182.

[19] 陈江涛,吕建秋,田兴国,等.基于熵值法的广东省科技创新能力评价研究[J].科技管理研究,2018,38(12):119-126.

[20] 陈俏薇,易永锡,邹湘妮.基于熵值法的城市绿色经济发展水平评价:以京津冀为例[J].经济研究导刊,2021(22):142-146.

[21] 成全,杨碧丽,许华斌,等.原始性创新环境影响因素研究:基于BP-DEMATEL模型的实证[J].科学学研究,2016,34(4):591-600.

[22] 邓丹青,杜群阳,冯李丹,等.全球科技创新中心评价指标体系探索:基于熵权TOPSIS的实证分析[J].科技管理研究,2019,39(14):48-56.

[23] 丁元欣.安徽建设国家产业创新中心的必要性和可行性研究[J].安徽科技,2021(8):10-14.

[24] 高斌,段鑫星.城市创新创业环境评价指标体系构建与实证:以山东省17市为例[J].中国科技论坛,2021(3):164-171.

[25] 高太山.安徽区域创新能力发展分析:基于《中国区域创新能力评价报告》[J].安徽科技,2019(12):15-17.

[26] 桂文娟.安徽省地方财政科学技术支出情况分析[J].安徽科技,2021(3):41-43.

[27] 郭云丽.江苏、广东、浙江、上海科技创新能力比较研究[J].价值工程,2019,38(31):291-297.

[28] 中国科学技术发展战略研究院.国家创新指数报告[M].北京:科学技术文献出版社,2017.

[29] 何雪莹,张宓之.全球创新策源地的分布、科技前沿与发展态势[J].世界科学,2020(S2):26-30.

[30] 孔胜雪,周桂明.地方科技财政支出对区域创新发展的影响分析[J].现代商业,2021(16):

88-90.

[31] 李斌,田秀林,张所地,等.城市创新能力评价及时空格局演化研究[J].数理统计与管理,2020,39(1):139-153.

[32] 李丹丹,孙靓,李颖.长三角一体化视角下合肥市科技创新能力及对策研究[J].当代经济,2021(10):58-63.

[33] 李光龙,范贤贤.财政支出、科技创新与经济高质量发展:基于长江经济带108个城市的实证检验[J].上海经济研究,2019(10):46-60.

[34] 李平,蔡跃洲.新中国历次重大科技规划与国家创新体系构建:创新体系理论视角的演化分析[J].求是学刊,2014,41(5):45-55.

[35] 刘怡芳.我国政府R&D补贴对技术创新的影响研究[D].长春:东北师范大学,2017.

[36] 刘智勇,魏丽丽.我国营商环境建设研究综述:发展轨迹、主要成果与未来方向[J].当代经济管理,2020,42(2):22-27.

[37] 彭良玉.安徽省地方财政科技支出实证分析[J].安徽科技,2020(1):35-36.

[38] 田园,周书俊.政府财政科技支出结构如何影响创新绩效[J].人民论坛·学术前沿,2017(17):62-65.

[39] 王艳,彭良玉.安徽创新环境建设分析:基于《中国区域创新能力评价报告2019》[J].安徽科技,2021(3):14-17.

[40] 夏后学,谭清美,白俊红.营商环境、企业寻租与市场创新:来自中国企业营商环境调查的经验证据[J].经济研究,2019,54(4):84-98.

[41] 易高峰,刘成.江苏省城市创新能力的地区差异及影响因素分析[J].经济地理,2018,38(10):155-162.

[42] 张继军.中部六省自主创新差异研究[J].现代工业经济和信息化,2019,9(11):9-11.

[43] 张原,任海峰.2018年全球创新指数报告[J].互联网经济,2019(Z1):16-23.

[44] 赵菁奇,金露露,王泽强.长三角区域创新共同体建设研究:基于技术创新政策效果评价的视角[J].华东经济管理,2021,35(5):40-46.

[45] 赵丽霞,谭超.财政政策对科技创新影响的动力机制实证研究[J].科学管理研究,2017,35(1):99-102.

[46] 赵瑞芬,王小娜.基于全局熵值法的京津冀区域创新能力比较[J].中国流通经济,2017,31(4):114-121.

[47] 赵彦飞,陈凯华,李雨晨.创新环境评估研究综述:概念、指标与方法[J].科学学与科学技术管理,2019,40(1):89-99.

[48] 赵峥,刘杨,杨建梁.中国城市创业孵化能力、孵化效率和空间集聚:基于2016年中国235座地级及以上城市孵化器的分析[J].技术经济,2019,38(1):112-120.

[49] 浙江省统计局,国家统计局浙江调查总队.2017年浙江省国民经济和社会发展统计公报

[N].浙江日报,2018-02-27(004).

[50] 浙江省统计局,国家统计局浙江调查总队.2019年浙江省国民经济和社会发展统计公报[N].浙江日报,2020-03-05(009).

[51] 浙江省统计局,国家统计局浙江调查总队.2018年浙江省国民经济和社会发展统计公报[N].浙江日报,2019-02-28(003)

[52] 中国科技发展战略研究小组,中国科学院大学中国创新创业管理研究中心.中国区域创新能力评价报告[M].北京:科学技术文献出版社,2020.

[53] 陈刚,赵志耘,许端阳.科技创新支撑经济发展方式转变的动力机制[J].中国科技论坛,2014(6):5-8.

[54] 李琳,曾伟平.中国科技创新与经济发展耦合协调的空间异质性研究[J].华东经济管理,2019(10):12-19.

[55] 赵敏.区域科技创新与经济发展的耦合协调研究[D].兰州:兰州大学,2019.

[56] 钟荣丙.科技创新引领经济发展:70年的演进与高质量路径[J].科技成果管理与研究,2020,15(1):21-28.

[57] 刘林,张勇.科技创新投入与区域经济增长的溢出效应分析[J].华东经济管理,2019,33(1):62-66.

[58] 华坚,胡金昕.中国区域科技创新与经济高质量发展耦合关系评价[J].科技进步与对策,2019,36(8):19-27.

[59] 王业强,郭叶波,赵勇,等.科技创新驱动区域协调发展:理论基础与中国实践[J].中国软科学,2017(11):86-100.

[60] Şener S, Sarıdoğan E. The effects of science-technology-innovation on competitiveness and economic growth[J]. Procedia - Social and Behavioral Sciences, 2011(24):815-828.

[61] Wu H, Liu Y. Influence of technology innovation on economic growth patterns from a brain cognition based approach[J]. Neuro Quantology, 2018, 16(5), 23-34.

[62] Boddy, Martin. Technology, innovation, and regional economic development in the state of Victoria[J]. Environment & Planning C Government & Policy, 2000, 18(3):301-319.

[63] 罗志红,熊志琴.高校科技创新对经济高质量发展的影响研究:基于2009—2018年27省的样本数据分析[J].中国高校科技,2022(Z1):29-34.

[64] 谭中明,刘倩,李洁,等.金融科技对实体经济高质量发展影响的实证[J].统计与决策,2022,38(6):139-143.

[65] 谢泗薪,胡伟.经济高质量发展与科技创新耦合协调:以京津冀地区为例[J].统计与决策,2021,37(14):93-96.

[66] 魏巍,符洋,杨彩凤.科技创新与经济高质量发展测度研究:基于耦合协调度模型[J].中国科技论坛,2020(10):76-83.

[67] 李华军.区域创新驱动与经济高质量发展的关系及协同效应:以广东省为例[J].科技管理研究,2020,40(15):104-111.

[68] 吴刚,魏修建,解芳.区域对外开放、全要素生产率与经济高质量发展[J].经济问题,2022(4):108-115.

[69] 姜玉梅,孟庆春,李新运.区域科技创新驱动经济高质量发展的绩效评价[J].统计与决策,2021,37(16):76-80.

[70] 谢泗薪,胡伟.区域科技创新水平与经济发展质量协调性评价研究:基于京津冀经济圈科技及经济发展质量数据的实证分析[J].价格理论与实践,2020(4):164-167,178.

[71] 李柏洲,张美丽.数字化转型对区域经济高质量发展的作用机理:区域创新能力的调节作用[J].系统工程,2022,40(1):57-68.

[72] 杨帆,杜云晗,徐彬.西部地区创新发展、人才集聚关联性与经济高质量发展:基于模糊集定性比较分析的研究[J/OL]. https://kns.cnki.net/kcms/detail/detail.aspx?DbCode=CJFD&dbname=CAPJLAST&filename=XUXI20220210007.

[73] 刘秉镰,秦文晋.中国经济高质量发展水平的空间格局与动态演进[J].中国软科学,2022(1):62-75.

[74] 李志洋,朱启荣.中国经济高质量发展水平的时空特征及其影响因素[J].统计与决策,2022,38(6):95-99.

[75] 张育齐,袁连升.科技创新对区域经济发展支撑作用研究:以江苏省为例[J].中国农机化学报,2019,40(4):222-228.

[76] 陈丽娟.跨城市创新合作空间结构、合作网络及与区域经济增长关系研究[D].沈阳:辽宁大学,2018.

[77] 樊杰,刘汉初."十三五"时期科技创新驱动对我国区域发展格局变化的影响与适应[J].经济地理,2016,36(1):1-9.

[78] 危怀安,平霰.区域协同视角下城市群科技创新与经济产出效率时空分异研究:以武汉城市圈为例[J].科技进步与对策,2019,36(11):40-45.

[79] 徐晓丹,柳卸林.中国区域科技创新与发展40年[J].科学学研究,2018,36(12):2136-2140.

[80] 肖田野,罗广宁,陈丹华.区域科技创新与经济发展耦合协调度研究:以广东为例[J].科技管理研究,2017,37(15):21-28.

[81] 李恒,杜德斌,肖刚.中国科技创新重心与经济重心的时空演变与对比分析[J].软科学,2016,30(4):8-12.

[82] Adak M. Technological progress, innovation and economic growth: the case of turkey[J]. Procedia - Social and Behavioral Sciences,2015(195):776-782.

[83] Pater R, Lewandowska A. Human capital and innovativeness of the European Union regions[J].Innovation-The European Journal of Social Science Research,2015, 28 (1):31-51.

[84] Yen Y F. The impact of bank's human capital on organizational performance: How innovation influences performance[J]. Innovation: Management, Policy and Practice, 2013, 15(1): 112-127.

[85] Peng H, Tan H, Zhang Y. Human capital, financial constraints, and innovation investment persistence[J]. Asian Journal of Technology Innovation, 2020, 28(3): 1-23.

[86] Philippe A, Howitt P. A model of growth through creative destruction[J]. Econometrica, 1992, 60(2): 323-351

[87] Oluwatobi S O. Innovation-driven economic development model: A way to enable competitiveness in Nigeria[J]. Angewandte Chemie International Edition, 2014, 49(2): 256-259.

[88] Diaz-Balteiro L, Herruzo A C, Martinez M, et al. An analysis of productive efficiency and innovation activity using DEA: An application to Spain's wood-based industry[J]. Forest Policy and Economics, 2006, 8(7): 762-773.

[89] 翁媛媛,高汝熹.科技创新环境的评价指标体系研究:基于上海市创新环境的因子分析[J].中国科技论坛,2009(2):31-35.

[90] 王志敏.我国科技创新环境的优化研究[D].合肥:合肥工业大学,2009.

[91] 中国科学院可持续发展战略研究组.2020中国可持续发展报告:探索迈向碳中和之路[M].北京:科学出版社,2021.

[92] 刘新智,张鹏飞,史晓宇.产业集聚、技术创新与经济高质量发展:基于我国五大城市群的实证研究[J].改革,2022(4):68-87.

[93] 马茹,罗晖,王宏伟,等.中国区域经济高质量发展评价指标体系及测度研究[J].中国软科学,2019(7):60-67.

[94] 刘国斌,宋瑾泽.中国区域经济高质量发展研究[J].区域经济评论,2019(2):55-60.

[95] 周绍森,胡德龙.科技进步对经济增长贡献率研究[J].中国软科学,2010(2):34-39.

[96] 张岩.以科技创新为引领的中国区域绿色转型能力提升研究[J].科学管理研究,2017(10):1-5.

[97] Adak M. Technological progress, innovation and economic growth; the case of turkey[J]. Procedia - Social and Behavioral Sciences, 2015(195): 776-782.

[98] Pece A M, Simona O, Salisteanu F. Innovation and economic growth: An empirical analysis for CEE countries[J]. Procedia Economics and Finance, 2015(26): 461-467.

[99] 杨武,杨淼.中国科技创新驱动经济增长中短周期测度研究:基于景气状态视角[J].科学学研究.2017,35(8):1240-1252.

[100] 李正辉,徐维.区域科技创新与经济增长:基于省级面板数据模型的实证分析[J].科技与经济.2011,24(1):20-24.

[101] 高铁梅.计量经济分析方法与建模:EViews应用及实例[M].北京:清华大学出版社,

2009.

[102] 刘定惠,杨永春.区域经济-旅游-生态环境耦合协调度研究:以安徽省为例[J].长江流域资源与环境,2011,20(7):892-896.

[103] 张亚丽.吉林省科技创新环境优化研究[D].长春:长春工业大学,2011.

[104] 郑茜.广东区域科技创新环境建设研究[D].广州:广东省社会科学院,2015.

[105] 中国科技发展战略研究小组.中国区域创新能力报告:2001[M].北京:中共中央党校出版社,2002.

[106] 张美琪.内蒙古兴安盟科技创新环境优化问题研究[D].长春:吉林财经大学,2021.

[107] 杨力,徐悦,朱俊奇.中国东部省份科技创新能力综合评价:基于TOPSIS-AISM模型[J].现代管理科学,2021(8):3-12.

[108] 孙晓萌.大连市科技创新环境研究[D].大连:大连理工大学,2018.

彩 图

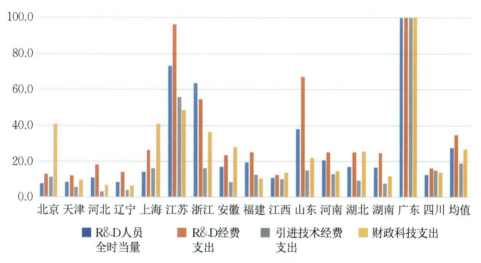

图 3-1　2018年全国先进地区科技创新投入情况

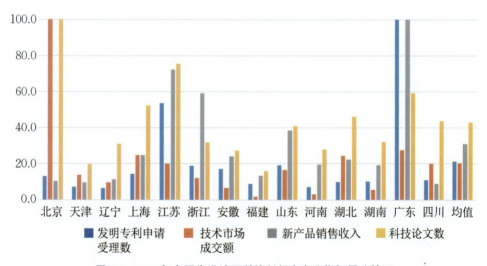

图 3-2　2018年全国先进地区科技创新产出分指标得分情况

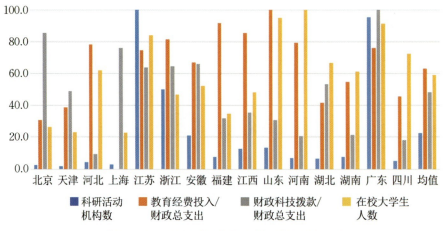

图3-3 2018年全国先进地区科技创新环境情况

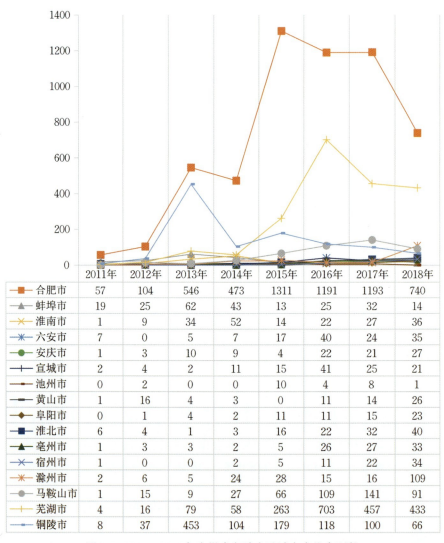

	2011年	2012年	2013年	2014年	2015年	2016年	2017年	2018年
合肥市	57	104	546	473	1311	1191	1193	740
蚌埠市	19	25	62	43	13	25	32	14
淮南市	1	9	34	52	14	22	27	36
六安市	7	0	5	7	17	40	24	35
安庆市	1	3	10	9	4	22	21	27
宣城市	2	4	2	11	15	41	25	21
池州市	0	2	0	0	10	4	8	1
黄山市	1	16	4	3	0	11	14	26
阜阳市	0	1	4	2	11	11	15	23
淮北市	6	4	1	3	16	22	32	40
亳州市	1	3	3	2	5	26	27	33
宿州市	1	0	0	2	5	11	22	34
滁州市	2	6	5	24	28	15	16	109
马鞍山市	1	15	9	27	66	109	141	91
芜湖市	4	16	79	58	263	703	457	433
铜陵市	8	37	453	104	179	118	100	66

图5-5 2011—2018年安徽省各地市跨城市合作专利数